Líder, liderança e liderados

Márcio José Pinheiro

Líder, liderança e liderados

Márcio José Pinheiro

Belo Horizonte/MG

2017

Líder, liderança e liderados

Autor e formatação: Márcio José Pinheiro

ISBN: 978-85-923067-2-4

Impressão: Clube de Autores

Impresso no Brasil

2017

Índice

Nota do autor

O tema desta obra foi resposta de orações para uns e também resposta de um pedido de minha pastora em realizar um curso que pudesse ser direcionado aos líderes da igreja. Confesso que não me julguei capacitado em atender tal pedido, mas depois o desafio pareceu-me interessante e conversando com meu primo, ele me fez o mesmo pedido, pois segundo ele, Deus falou ao coração dele dizendo que ele teria esse recurso em mãos.

Ao se comparar as datas do pedido de minha pastora e da resposta de Deus a ele, vimos que as datas coincidiram. Somente após isso, é que me senti um pouco aliviado do peso de tamanha responsabilidade, pois se as solicitações eram resposta de oração, então tive a certeza de que o Espírito Santo me auxiliaria em todo o processo.

Mas, não queria fazer como alguns cristãos fazem, que é apelar a Deus para nos capacitar em realizar determinada tarefa e ficar esperando; parti do princípio daquilo que tenho o hábito de fazer, procurar um paralelo em livros e nas definições seculares de liderança e líder.

Nessa caminhada em procurar trazer apenas assuntos relevantes, conversei com quatro pastores, dois administradores de empresa, um psicólogo, um líder sindical, pessoas que não tem qualquer formação acadêmica e todos me auxiliaram com seus comentários e perguntas.

Conversei ainda com um espírita, católicos que apenas se lembram de sua escolha espiritual quando as coisas não estão bem para eles, católicos fervorosos, cristãos ativos, e até mesmo pessoas que se dizem cristãos isolados.

Para minha surpresa, muitos relataram diversos pontos em comum, que a meu ver, foi algo significativo, pois sempre tive o conceito que potencialmente cada um de nós tem um líder em menor ou maior escala dentro de nós.

Entretanto, o que ficou evidente nessas conversas é que a visão de liderança da maioria desses pastores voltava-se exclusivamente ao seu ministério, o que dá a impressão que alguns deles apesar de não terem formação secular em administração, desenvolveram ou mesmo moldaram sua liderança sob sua ótica pessoal e com o caminhar do tempo, quando adquiriam um pouco mais de experiência, embutiram alguns princípios administrativos seculares no meio eclesiástico.

Entretanto, vale salientar que a experiência em determinadas áreas, será a garantia de voce ter credibilidade junto a seu grupo de convívio, mas pode ser a garantia de voce ter uma oportunidade de demonstrar o que voce pode fazer, porque normalmente, as pessoas que nos seguem se importam mais com o que somos capazes de fazer.

Dúvidas e curiosidade a respeito existem, porém cada um deu a sua igreja o melhor de si e essa administração, devido aos cuidados necessários que esses devem dar ao seu rebanho, muitos se conformaram e não procuraram buscar melhorias nesta área e foram se adequando de acordo com a necessidade do momento. No entanto, vejo que a maior prova que eles enfrentaram, iniciou em como líderes, enfrentar a si mesmos.

Esta foi a prova mais significativa – acredito eu – que eles enfrentaram, porque enfrentar seus próprios medos, incertezas, expectativas, não é nada fácil. Mas e daí? O importante é que esses, as vezes heróis anônimos tiveram coragem e perseveraram; acreditaram em si mesmos e em seu chamado divino e isto, verdadeiramente é um ato encorajador e incentivador.

De certa maneira, isto me fez perceber que não devemos confiar apenas em nosso intelecto ou apenas na razão para fazer a melhor escolha tanto para nós como para nossa equipe; devemos também procurar ampliar nossos horizontes, abraçar algumas mudanças e até mesmos algumas incertezas, crendo que Deus sempre nos apontará o caminho correto a trilhar.

Para o enriquecimento do estudo, após ouvir essas pessoas, procurei reinterpretar a Bíblia sob outro ponto de vista, o administrativo e gerencial. Para minha não tão grande surpresa, visualizamos diversos princípios, e percebi que esses princípios de administração, gerenciamento, liderança que Deus deixou nas Escrituras Sagradas, foram em parte também aproveitados no meio secular, no entanto, o ser humano colocou à parte alguns direcionamentos, pois sua atenção voltou-se para o lado material, empresarial do que o humano e espiritual.

Ao redigir algumas linhas, constatei como o Espírito Santo tem trabalhado em minha vida, pois ele colocou pessoas certas em meu caminho, apresentando informações valiosas que estão sendo utilizadas nesta obra. Contudo, nosso intento desde o início, de forma alguma foi querer apontar erros, nem mesmo apresentar fórmula mágica para uma boa administração, nem bater o martelo no que deve ou não ser feito dentro de uma igreja, pois tenho muito a aprender a respeito de liderança.

Dentro de nossa limitação, nos ateremos aos princípios básicos de liderança, organização, administração, na qual temos visto bons resultados e na medida do possível, aplicaremos esses princípios no meio eclesiástico.

A conclusão é que embora possamos adotar alguns dos princípios da administração do meio secular, acertadamente, esses mesmos princípios são válidos e podem ser também aplicados no meio eclesiástico. Apesar de a igreja ser norteada por outros princípios ou valores, nada impede de utilizarmos esses princípios seculares que Deus tem apresentado, pois Ele sendo o criador de tudo e de todas as coisas, não deixa de ser também o nosso grande, supremo e divino Administrador.

Por este motivo e em virtude de sua natureza claramente espiritual, a igreja não pode e nem deve ser confundida ou mesmo taxada com nenhuma associação secular, pois a missão da igreja é ser serva de nosso Senhor Jesus Cristo, prestando culto permanente a ele, levando seus membros a si confraternizarem; pela igualdade entre si, pela fidelidade às

Escrituras e pelo testemunho cristão que cada um deve e tem a obrigação de dar em todo momento de sua vida ao mundo.

Evidentemente não desprezaremos os ensinos seculares, pois vivemos em um mundo material e capitalista, e como cristão, pretendemos também apresentar textos e exemplos bíblicos para ilustrar nossa argumentação sem, contudo, perder o foco principal. Também, procuraremos o máximo possível, evitar termos técnicos.

Finalizando, para melhor compreensão e distribuição dos assuntos, dividimos o trabalho em três partes, sendo a primeira parte sobre liderança, seguida por assuntos direcionados aos líderes e enfim sobre a igreja e sua administração.

Espero que possam utilizar este livro como um pequeno incentivo para aprofundar no assunto e assim poder gerenciar melhor a igreja de Cristo. Pequeno incentivo, porque como líderes devemos estar abertos sempre a aprender cada vez mais. O aprendizado é muito útil na vida de todo líder, pois ele deve admitir que não sabe tudo, mesmo que isso possa parecer ruim aos olhos de outras pessoas.

O aprendizado deve ir além de participações em cursos, palestras, vídeos sobre liderança. Devemos aprender com nossos erros e também com os erros dos outros para progredir nessa caminhada, procurando lembrar sempre aquilo que aprendemos para não correr o risco de cometermos o mesmo erro novamente.

Deus os abençoe em nome de Jesus Cristo!

Márcio José Pinheiro

Primeira Parte

Liderança

O que é liderança

Iniciaremos definindo o que é liderança conforme é apresentado pelo Dicionário Aurélio: "função de líder, capacidade de liderar; espírito de chefia, forma de dominação baseada no prestígio pessoal e aceita pelos dirigidos". Outros léxicos definem ainda liderança como "comando, direção, hegemonia, posição dominante que ocupa, de direito ou de fato, um político dentro de um movimento ou de um Estado", acrescentando ainda que é a "capacidade que um indivíduo apresenta de adquirir ou exercer a autoridade em um grupo[1]".

Outra definição interessante sobre liderança, é que "liderança é a habilidade de influenciar pessoas para trabalharem entusiasticamente visando atingir aos objetivos identificados como sendo para o bem comum[2]".

Partindo dessas definições, podemos dizer que liderança é a arte de influenciar outras pessoas, fazendo-as seguirem uma ideia ou caminho traçado por aquele que lidera, estando

---

[1] Grande Enciclopédia Larousse Cultural, volume 15, página 3589, Editora Nova Cultural

relacionada com a motivação. Se voce não consegue influenciar pessoas e essas não o seguem voluntariamente, então voce não é líder, não importando o que voce pense a respeito ou o que as outras pessoas pensem.

Falando fria e duramente, veremos que as pessoas não desejam seguir líderes medíocres, que quase não realizam e obtêm pouco sucesso. Veja por exemplo grandes e pequenos empresários que sempre desejam seguir pessoas que possuem e demonstrem capacidade de alicerçar, construir e produzir lucros. Assim também são as pessoas no meio eclesiástico, elas se sentem atraídas pela capacidade e qualidade que o líder construí relacionamentos, tem a capacidade de alicerçar uma boa equipe, realizar tarefas tangíveis e levar a equipe ao sucesso.

Liderar é influenciar e se desenvolver a cada dia e não em um único dia, é um investimento que voce faz em si mesmo, às vezes a curto, médio ou longo prazo. Isto em outras palavras quer dizer que se voce quer ver sua organização crescer, faça o líder crescer e para voce crescer e fazer com que as pessoas acreditem em voce, procure desenvolver ainda mais a sua

---

[2] HUNTER, James C., O monge e o executivo – Uma história sobre a essência da liderança, Editora Sextante, Rio de Janeiro, 2004, pagina 25

liderança, aprenda mais, crie relacionamentos, pois se voce deseja como líder, ter em sua equipe líderes melhores, então, torne-se em primeiro lugar esse tipo de líder.

Entretanto, se voce se encontra satisfeito com sua liderança e equipe, sugerimos que não pare por aí, siga em frente, aprenda mais, desenvolva mais e leve sua liderança para um patamar maior do que já se encontra. Procure compensar pontos fracos que voce consiga identificar em sua liderança com pessoas que complementem sua liderança.

Apesar de sabermos que há pessoas que nascem com mais dons que outras, a capacidade de se tornar um líder ou liderar, acaba sendo um conjunto de habilidades que normalmente podem ser ensinadas, aprendidas, aperfeiçoadas; por este motivo dissemos que liderar é um investimento a curto, médio ou longo prazo e esse conjunto de habilidades está diretamente ligado a disciplina, experiência, respeito, visão do processo, motivação, vontade de servir, desenvolver a si mesmo e ao grupo à qual esteja inserido, perseverança, entre outras coisas. Lembre-se de que ter visão sem ter ação, de nada vale.

É interessante o tipo de pensamento que muitas pessoas têm sobre liderança. Quando se fala em liderança, algumas pessoas logo pensam em sucesso, ser a pessoa que alcançou o primeiro lugar no pódio ou ocupa a posição mais alta do que as outras pessoas, que tem poder. No entanto, apesar da vida de um líder parecer ser apenas isso, na realidade, quando se fala em liderança, estamos falando em sacrifícios, pois o verdadeiro líder precisa aprender abrir mão de algumas coisas e algumas vezes colocar os outros acima dele mesmo.

O tipo de pensamento que as pessoas deveriam de ter quando se fala em liderança, não é a posição número um do pódio, mas quantas pessoas conseguimos levar conosco até essa posição. Que tipo de líder seríamos se apenas nós alcançássemos a posição número um no pódio? Certamente não seríamos um líder, pois ninguém estaria nos seguindo e se houver pessoas nos seguindo, seríamos um líder egoísta.

Pode até parecer um paradoxo fazer as pessoas alcançarem o topo do pódio juntamente com voce, mas não o é, porque sozinho, voce não lidera e saiba que ninguém chega ao topo sozinho. Ninguém é uma ilha, ninguém é autossuficiente para não precisar dos outros. Se voce ocupa um cargo de liderança, não se baseie em seu título, invista nas pessoas e construa relacionamentos. Não podemos negar que o sucesso é atraente e as pessoas, sejam elas cristãs ou não, normalmente se sentem atraídas para ele, mas o que os verdadeiros lideres fazem é levar as pessoas junto com ele ao topo; este é um dos segredos para uma liderança eficaz.

Por outro lado, o sucesso é importante quando é aplicado aos líderes, pois temos o costume de respeitar as realizações bem-sucedidas das outras pessoas. Quando os líderes acompanham e ou levam uma equipe ao sucesso, em resposta a equipe o respeitará e o seguirá sem pestanejar, pois, eles também querem fazer parte do sucesso daquela empreitada. Tenha em mente que os verdadeiros líderes são bem-sucedidos é determinado pelas pessoas que eles influenciam e faz diferença na vida desses, não pelo que ele realiza por si mesmo ou para si mesmo.

Liderança é servir, fazer a diferença na vida de nossos liderados, é assumir responsabilidades enquanto muitos se desculpam, é inspirar as pessoas dando uma ideia de como eles podem contribuir, é por fim, ter coragem para de arriscar agregando valor à vida deles e não alcançar a posição mais alta ou de destaque. Quando agregamos valores à vida das pessoas que nos seguem, agregamos valores não apenas a elas, mas também a quem essas pessoas influenciam. Agregar valores é ajudar as pessoas a ser melhor do que são, é fazer que elas tomem parte de algo maior que elas mesmas e como líderes, não devemos nos contentar que tenhamos sucesso, devemos ajudar as pessoas também a obterem sucesso.

A liderança a maioria das vezes surge de forma natural ou não, ou seja, de maneira formal. A liderança de forma natural ocorre quando uma pessoa que tenha determinado prestígio, exerce influência sob outras pessoas e esses seguem sua ideia, fazendo-o destacar-se como aquele que encabeça o movimento, sem possuir, no entanto, o cargo de líder, isto é considerado um tipo de liderança informal.

Neste tipo de liderança, podemos citar os artistas de um modo em geral, lançam modas, modismos, manias e dentro da condição de vida de cada um, vêm sendo copiada ou mesmo seguida, até mesmo adaptada sem qualquer análise e ou questionamento. Normalmente as pessoas fazem isso porque acreditam neles como pessoas ou porque eles têm credibilidade como pessoas que realizam e as pessoas quando se identificam ou compram a ideia de uma pessoa, estão dispostas a dar créditos a elas, pois elas sentem o desejo de concordar com as pessoas que seguem.

Exemplo simples disso é que algum tempo atrás, uma fala de determinada rede de televisão, a personagem dizia: "oh coitado" ou "oh coitada" e sempre que alguém contava um fato triste ocorrido em sua vida, isso era a primeira coisa que se era dita à pessoa. O interessante é que ela não se sentia ofendida, mas também não se sentia consolada e deixava de lado. Não havia palavra de consolo, apenas "oh coitado" ou "oh coitada".

Em outras palavras, a liderança informal é de algum modo exercido em maior ou menor escala por cada um de nós, porque de algum modo, mesmo sem querer ou pretender, exercemos influência informal e involuntária sobre outras pessoas. Veja exemplos no seu cotidiano e perceberá que até mesmo o ato de andar ereto é uma influência que sofremos de outras pessoas, ou mesmo quando uma criancinha nos influencia a falar errado e nos fazer comportar como criancinhas em determinados momentos.

Já a liderança formal tem a ver quando determinada pessoa passa a exercer um cargo de autoridade em uma empresa ou mesmo quando for eleita por um grupo social em busca dos objetivos para os quais foi estabelecido. Este tipo de liderança passa a ser uma posição ou ferramenta de comando para alcançar aquilo que se deseja. A maioria dos administradores, normalmente se preocupam com a eficiência e a eficácia. Neste caso, o papel desse líder, é fazer com que sua equipe seja eficiente e até mesmo eficaz em realizar os propósitos desejados. Isto significa dizer que toda liderança formal trabalha com objetivos.

A diferença entre o modo de um líder ver as coisas comparado a um liderado, é que o modo do líder ver as coisas, ele as vê como recurso e como um potencial ou mesmo uma oportunidade, pensa em como mobilizar as pessoas para atingir suas metas, enquanto o liderado vê como um desafio a ser enfrentado.

Levando isso para o meio eclesiástico, sendo este um parecer pessoal, diremos que podemos exercer influência sobre os outros, sendo esse um tipo de liderança aos olhos de algumas pessoas, mas a verdadeira influência que podemos exercer sobre os outros é um dom que exigirá um pouco mais de nós do que simplesmente tempo. O fato é que se não exercemos influência, não conseguiremos liderar os outros e quando lideramos ou ocupamos uma posição de autoridade, seja em que nível for, precisamos valorizar as pessoas e demonstrar que nos preocupamos com elas.

Pode-se dizer que cada ministério tem seu objetivo, seu propósito e planos que são dados por Deus. Vemos que a Bíblia compara a igreja como se fosse o corpo humano, onde cada membro funciona interdependentemente. Isto quer dizer que no meio eclesiástico, não somos eleitos ou ungidos para liderar na organização de Deus ou mesmo para exercer determinado cargo, somos eleitos e ungidos para servir.

A autora Dinamárcia Faria apresenta uma interpretação sobre a interdependência dos membros no corpo de Cristo:

> Onde não há vínculo não há vida. A interdependência dos órgãos promove o bom funcionamento do corpo físico; assim, coração e fé, embora não estejam diretamente ligados, trabalham juntos para o bem completo do corpo. É assim também no corpo de Cristo. Seus discípulos trabalham juntos para o bem completo do corpo. É assim também no corpo de Cristo. Seus discípulos trabalham como membros que, embora nem sempre tenham uma ligação direta, trabalham para o perfeito funcionamento do corpo, colaborando em harmonia para o êxito desse trabalho que é conduzido pelo cabeça do corpo – Jesus.[3]

---

[3] MOREIRA, Dinamárcia Faria Barbosa – Igreja em células, Editora Profetizando Vida, Belo Horizonte, 2000, pág. 10

Discorrendo ainda sobre a interdependência do corpo, Hernandes Dias Lopes[4] relata que "a igreja é comparada a uma família, a um exército, a um templo, a uma noiva. Porém, a figura predileta de Paulo para descrever a igreja é o corpo. Por que Paulo tem predileção por essa figura: porque ela é uma das mais completas para descrever a igreja". O motivo apresentado por este renomado autor é descrito por três verdades, sendo a primeira a unidade do corpo (1 Co 12.12,13), seguido da diversidade do corpo (1 Co 12,14-20) e finalmente a mutualidade do corpo (1 Co 12.21-31).

Somos na verdade, chamados e capacitados por Deus para exercer função na obra do Reino, ou seja, quem escolhe e promove determinado membro à posição de líder, é Deus. Devemos reconhecer que toda autoridade foi instituída por Deus e administrar esses meios é compreender os princípios bíblicos do êxito, bem como as razões para o fracasso. Em relação ao fracasso diremos que não importa os acontecimentos passados, hoje é um novo dia e é voce quem escolhe suas atitudes. Uma

---

[4] 1 Coríntios – Como resolver conflitos na igreja, 2008, pág. 231- 235

vez ouvi alguém dizer que se voce nunca fracassou, é porque nunca tentou.

Os bons líderes normalmente enfrentam algumas situações sozinhos e são criticados quando não obtém êxito, contudo, devemos nos lembrar que eles costumeiramente fazem o que é certo, mesmo correndo o risco de fracassar e é esta coragem que eles possuem em fazer as coisas certas, mesmo não tendo certeza absoluta do resultado, é que dá aos seus liderados a esperança e confiabilidade de continuar com ele.

Infelizmente, predomina o pensamento que um líder deve sempre apresentar resultados e bons resultados para serem considerados. No entanto, costumamos esquecer de que para se apresentar bons resultados, para que os líderes apresentem bom desempenho, ele necessita de uma boa equipe. Lembre-se que o potencial de cada líder costuma ser determinado por aqueles que se encontram próximos dele (ênfase do autor). Nem todas as pessoas estão propensas a reconhecer esta verdade, mas o fato é que as pessoas próximas ao líder determinam a sua liderança ou mesmo a falta dela. É por este motivo que recomendamos que nunca se esqueça de que o potencial de um líder é determinado por aqueles mais próximos dele.

Lembrando aqui as palavras de Watchman Nee: "o cristão deve obedecer à autoridade. Não existe autoridade que não proceda de Deus. Todas as autoridades foram instituídas por ele. Quando procuramos a fonte de toda autoridade, invariavelmente a encontramos em Deus[5]".

A liderança eclesiástica envolve posições como apóstolo, profeta, evangelista, pastor e mestre. Também envolve função e essa função é preparar outras pessoas para a obra do ministério. Se alguém não conhece seu propósito e até mesmo não tem uma visão de seu propósito e do Reino, certamente não pode liderar. A visão desse propósito é tudo na vida de um líder, porque sem esse tipo de visão, não há o que liderar.

O objetivo final de nossos propósitos é o empurrão inicial para seguirmos em frente, também é o agente que nos motivará sempre seguir em frente, levando de carona aqueles que seguem o líder. Um líder que não possui objetivos, não tem visão e ao invés de seguir em frente, pode na melhor da hipótese ficar andando em um labirinto sem saber qual caminho tomar para sair do outro lado.

---

[5] NEE, Watchman– Autoridade espiritual, Editora Vida, São Paulo, 2005, pág. 22

Todavia, se voce é esse tipo de líder sem visão, ore a Deus para lhe dar estratégia. Faça uso do conheça a ti mesmo e volte-se para si mesmo, utilize os dons que Deus nos concedeu, use seus talentos, veja o que te motiva, reacenda seus desejos, lembre-se de seu chamado, de seu ministério. No entanto, se após essa auto-introspecção, voce não conseguir algum resultado ou continuar na mesma posição; a orientação que temos é que voce deve analisar outros líderes, ver qual deles tem uma linha de pensamento parecido com a sua quando iniciou seus trabalhos eclesiásticos, use-o como espelho para dar novo sentido à sua liderança. Lembre-se que esse líder será um modelo de sua liderança, pois o verdadeiro modelo deve ser sempre Jesus Cristo. O fato é que se voce não tem esse tipo de percepção ou não encontrar um caminho a seguir, voce dificilmente alcançará o propósito que Deus lhe tem reservado e como citamos anteriormente, não poderá liderar.

Estar à frente de um grupo, envolve orientar, capacitar, motivar, acompanhar e liderar as pessoas quando elas realizam tarefas que lhes foram atribuídas, mas isso não quer dizer que todo aquele que está à frente de uma multidão, seja um líder. Para sermos um líder, precisamos não apenas estar à frente, mas também ter pessoas que espontaneamente sigam nossa liderança. Se almejamos que nosso ministério tenha êxito, devemos primeiramente ter um propósito em harmonia com os propósitos de Deus e depois é necessário comunicar esses propósitos aos seus liderados.

Apenas quando conhecemos nossos propósitos e o alinhamos aos propósitos de Deus é que poderemos liderar os outros. Os líderes têm a obrigação de saber aonde eles vão e onde pretendem chegar para poder direcionar, orientar, guiar outras pessoas, caso contrário, será um cego dirigindo outro cego. Hunter mencionando Margaret Thatcher diz que em certa oportunidade ela disse: "Estar no poder é como ser uma dama. Se tiver que lembrar às pessoas que voce é, voce não é"[6]. O fato incontestável é que o objetivo, a unidade no ministério envolve propósito e direção comuns.

Se observarmos atentamente, constataremos que praticamente em todos os setores de nossa vida, sempre haverá pessoas liderando e outras seguindo o líder, no entanto, também poderemos constatar que a posição que voce ocupa ou mesmo o

---

[6] HUNTER, James C., O monge e o executivo – Uma história sobre a essência da liderança, Editora Sextante, Rio de Janeiro, 2004, pág. 16

título que voce conquistou ou exibe, algumas vezes não define quem está na liderança do grupo. Vale dizer aqui que apesar de estarmos à frente de um grupo de pessoas, a verdadeira liderança deve começar em liderar nós mesmos.

"O trabalho de Deus deve ser coordenado sob a autoridade delegada pelo Senhor [...] Observe no Novo Testamento, como Barnabé e Paulo, Paulo e Timóteo, Pedro e Marcos trabalharam juntos e uns eram os responsáveis, enquanto os outros ajudaram. No trabalho de Deus, ele coloca alguns em autoridade e outros sob a autoridade delegada pelo Senhor[7]".

Entretanto, esse autor na página 110 dessa mesma obra, nos alerta que "a submissão é questão de atitude, enquanto a obediência é questão de conduta" e um pouco mais a frente diz que "a obediência, entretanto, não pode ser absoluta. Algumas autoridades devem ser obedecidas; enquanto outras não, especialmente em questões que atingem os fundamentos cristãos".

"Se a autoridade delegada emitir ordem, e essa ordem estiver claramente em contradição com a ordem de Deus, então devemos-lhe submissão, mas não obediência. Devemos submeter-nos à pessoa que recebeu autoridade delegada de Deus, mas devemos desobedecer à ordem que ofende a Deus", conclui o autor na página 111.

Como líderes devemos ter em mente que quando há direção clara, objetiva, mensurável, dentro dos desígnios de Deus, a confusão é sempre eliminada e a obediência é certa. A Bíblia nos diz em 1 Co 14.33 que *"Deus não é Deus de confusão, senão de paz, como em todas as igrejas dos santos"*, afirma também em Ef 5.1 para sermos *"imitadores de Deus, como filhos amados"*. Isto de alguma forma também quer dizer que se as atividades de Deus não são caracterizadas pela confusão, as igrejas também não devem se caracterizar por ela de maneira alguma.

MacArthur com relação ao versículo citado em 1 Coríntios nos informa que a chave de todo o capítulo 14 está na palavra confusão, pois "a igreja em adoração a Deus deveria refletir o caráter e a natureza dele porque ele é um Deus de paz e harmonia, ordem e clareza, não de briga e confusão (cf. Rm 15.33; 2 Ts 3.16; Hb 13.20)".

---

[7] Idem, página 30

Uma coisa que aprendi é que as nossas decisões determinam o nosso destino e isto é uma grande verdade tanto no plano físico como no espiritual, pois quando decidimos seguir Jesus Cristo e cremos que ele é nosso único salvador, estamos nos decidindo na realidade sobre a nossa salvação. O mesmo se aplica sobre nossa decisão em aceitar ou rejeitar o evangelho. O nosso destino é determinado única e exclusivamente por nossas decisões; do mesmo modo que nossa vida ministerial são frutos de nossas decisões anteriores que refletem as decisões que tomamos hoje e tomaremos no futuro.

Os frutos de nossas decisões acabam sendo aquelas coisas que decidimos priorizar ou colocar em primeiro plano, pois tudo aquilo que priorizamos acabamos dando uma atenção maior, dispensando maior tempo do que as outras coisas. É importante abordarmos isto porque temos visto muitos ministérios reativos, ou seja, só reagem quando são provocados. Esses ministérios parecem que prefere ficar na mesmice e quando provocados, limitam-se em reagir àquele assunto ao invés de planejar para o futuro.

Ter um ministério reativo ou mesmo ser um líder reativo é um perigo ao próprio ministério, pois em certo sentido, demonstra falta de planejamento futuro. É como se voce tivesse uma direção a seguir, um objetivo a alcançar e nada mais. Isto seria dizer que voce tem a ideia do início e fim de seu objetivo. O meio seria consequências apenas.

Infelizmente essa realidade atinge diversos líderes de ministério que ao invés de agir com sabedoria e firmeza de propósito, adotam a posição reativa, porque lhes falta planejamento já especificado ou alguma estratégia ou direção. Essa posição de líderes reativos, assemelha-se à posição daquele servo imprudente descrito na parábola dos talentos em Mt 25.14-30 e daquele servo que sabendo da vontade de seu senhor, não se aprontou sendo punido com muitos açoites descrito em Lc 12.47,48.

Ter uma posição ativa ao invés de apenas reativa não é fazer diversas coisas ao mesmo tempo; é trabalhar muito e realizar pouco. Ter uma liderança ativa é saber simplificar o trabalho, facilitar os meios, cuidar das pessoas que compõe o seu ministério, sem perder de vista a disciplina, o treinamento dessas pessoas. Não perder de vista a receita e despesa do ministério, é estabelecer critérios para se ter uma boa receptividade por parte de todos ou mesmo da grande parte com o menor gasto ou atrito, distribuindo responsabilidades e não tarefas, fazendo que todos participem do trabalho.

Um exemplo bíblico disso, encontraremos no ministério de Jesus que sempre procurou ter ajuda daqueles que estavam próximo de si. Pode parecer contraditório, mas a realidade em estar à frente de um ministério é ajudar as pessoas crescerem, ajudá-las a realizar as tarefas no ministério, é também, como é feito no meio secular, prever situações, organizar-se e gerenciar.

Tipos de liderança

No meio secular podemos dizer que existem três tipos de liderança, que acabam definindo a relação existente entre aquele que detém a liderança em seu meio e aqueles que seguem os ideais do líder, ou seja, aqueles que são conhecidos como os seus seguidores. Os tipos de liderança segundo a Grande Enciclopédia Larousse Cultural[8] estão divididos em três tipos assim distinguidos pelos psicossociólogos: estilo autoritário, democrático e não diretivo denominado aqui como estilo laissez-faire.

Sobre este último estilo, acessei o Google tradutor, não obtendo uma tradução dessa palavra tanto na língua inglesa como na língua francesa conforme sugerido, fiz nova consulta acessando a página https://www.significados.com.br da qual obtive a seguinte resposta: "Laissez-faire é uma expressão francesa que significa literalmente "deixar fazer", e é considerada um símbolo da economia liberal defendida pelo capitalismo"[9]. Assim, ao invés de utilizar esse nome e pela

---

[8] Volume 15, pág. 3589
[9] Acesso em 31/08/2017

definição apresentada, utilizaremos sempre que necessário a palavra liderança liberal.

Em suma, o estilo de liderança autoritária é basicamente aquele que ocupa a posição de líder, procura se impor sobre todos. Segundo exemplo citado por essa enciclopédia: nos grupos infantis, "o chefe adulto fixa e determina todas as atividades e a organização do grupo e permanece fora de toda participação ativa do grupo". Isto é o mesmo que dizer que o líder impõe as suas ideias e decisões ao grupo e evita a todo custo ouvir a opinião desse mesmo grupo. Esse tipo de liderança pode ser comparado ao sistema ditatorial. No entanto, o verdadeiro líder deve ter o ouvido voltado para o povo e ser sensível a ele.

Com relação ao estilo de liderança democrática, o chefe ao contrário do exemplo anterior, "submete as decisões ao grupo, que as discute com a ajuda e a participação ativa do chefe adulto". Em meu entendimento, podemos dizer que o estilo de liderança democrático é o estilo daquele de detém a liderança em suas mãos, procura sempre que possível estimular a participação do grupo nas tarefas a serem realizadas e sempre que necessário ou mesmo dentro de suas possibilidades, orienta o grupo no desempenho das tarefas.

Esse acaba sendo um tipo de liderança participativa, onde as decisões antes de serem tomadas, são analisadas, criticadas e após esse debate, são aparadas as arestas tendo um consenso entre as partes, pois essas ações são definidas não por uma única pessoa, mas em conjunto com todos os participantes.

Já a liderança denominada pela enciclopédia como estilo não diretivo; "o adulto é mais passivo e não fornece ajuda ou informações a não ser que lhe peçam. As crianças são livres para decidir suas atividades e a organização do grupo".

Este estilo de liderança que segundo definição denominamos liberal, é a liderança onde o próprio nome já define o tipo de liderança que rege o grupo, pois existe a liberdade de ação individual ou mesmo em conjunto nas decisões praticadas. O que não podemos imaginar é que nesse tipo de liderança, cada um faz o que quer e como quer, pois, isto em hipótese alguma seria liderança ou mesmo um trabalho realizado por uma equipe, isto seria mais um trabalho individual.

Na liderança liberal, o grupo deposita sua confiança em um líder que age da forma mais conveniente. No entanto, creio que um grupo que seja liderado por este meio, alcançará pequenos sucessos, por causa dessa liderança limitada, pois é sempre bom lembrar que essas decisões são delegadas e a participação do líder é limitada e ele não detém 100% (cem por cento) do poder.

Segundo Kessler e Câmara[10] "existem três formas especiais e largamente diferentes de governo eclesiástico, que têm obtido prevalência nas comunidades cristãs através dos séculos passados e que continuam sendo mantidas com diferentes graus de sucesso, cada uma das quais reivindicando ser a forma original e primitiva"; essas formas são: episcopal ou prelática, presbiteriana ou oligárquica e congregacional ou independente.

Segundo esses autores, no sistema episcopal ou prelático, o governo é centralizado "nas mãos dos prelados ou bispos diocesanos e no clero mais alto; tal como sucede nas igrejas romana, grega, anglicana, e na maior parte das igrejas orientais". Tendo como base a igreja romana, pode-se dizer que o responsável pelas decisões e destinos da igreja, está nas mãos de apenas uma pessoa que a governa, sendo eleita entre os cardeais e é a autoridade máxima nesse tipo de governo. Claudionor C. de Andrade resume sabiamente este tipo de sistema dizendo que "o bispo ou pastor, exerce o governo com mais autonomia em relação aos diáconos e a própria igreja. Mas isso não significa autocracia porque, em última instância, tem o pastor de prestar contas à diretoria da igreja e à própria congregação"[11].

No tipo de liderança presbiteriana ou oligárquica é a "forma em que o poder de governar reside nas assembleias, sínodos, presbitérios e sessões", segundo Kessler e Câmara; sendo que Andrade nos diz que este tipo de governo é exercido pelos anciãos, ou presbíteros da igreja e esse sistema é conhecido como representativo. Isto quer dizer que é um tipo de liderança que consiste numa ordem crescente de conselhos. Esta forma de governo está associada "na igreja escocesa, luterana e nas várias igrejas presbiterianas"[12].

---

[10] KESSLER, & CÂMARA, 2013, pág. 26

[11] ANDRADE, Claudionor Correa de – Dicionário Teológico, Casa Publicadora das Assembleias de Deus, Rio de Janeiro, 2010, pág. 203

[12] KESSLER, & CÂMARA, 2013, pág. 27

O estilo de liderança congregacional ou independente é a "forma em que a entidade pratica o autogoverno", ou seja, nesse modelo cada igreja se administra por si só, tendo como forma de governo a decisão da maioria de seus membros. Este tipo de liderança pode ser visto entre as igrejas denominadas batistas, congregacionais, independentes e outros grupos evangélicos.

Entretanto, para esse tipo de liderança, Andrade nos diz que "os poderes decisórios cabem à congregação, cuja soberania é, via de regra, exercida de forma extremada e antibíblica. Por isto, não se pode esquecer os poderes que a Bíblia concede ao pastor e ao ministério local", concluindo que "seja qual for o sistema adotado pela igreja local" essa deve ter "em vista os pressupostos básicos do Novo Testamento, onde Cristo é a cabeça da igreja invisível e universal (Ef 1.22; 5.23)".

Em outras palavras, isso quer dizer que a igreja cada qual tem a sua própria autonomia, ou seja, é a autoridade máxima para resolver todos os assuntos, prestando obediência apenas a Jesus Cristo. É mais ou menos um tipo de liderança democrática.

O tipo de liderança democrática pode ser visto em Atos 15.6-15 onde vemos uma igreja participativa e autônoma, com a liberdade de opinião e escolha, tendo ênfase no governo local sendo apoiado por diáconos nas outras atividades da igreja e tendo a assembleia com o poder nas decisões, onde os líderes locais reúnem-se para o estudo dos assuntos e ou problemas apresentados, no entanto, a decisão é tomada pela igreja (At 15.22).

Dons importantes para liderança

Em uma organização secular, a liderança está relacionada com o sucesso ou o fracasso em atingir os objetivos definidos que é o lucro e o crescimento da empresa. Entretanto, no meio eclesiástico apesar de espelharmos na liderança secular na maioria das vezes, somos norteados por diretrizes diferentes, mesmo que o objetivo seja obter sucesso e crescimento da igreja.

Particularmente, creio que o sucesso está ao alcance de todas as pessoas desde que a pessoa esteja predisposta a aprender com seus erros. No entanto, vale a pena dizer aqui que o sucesso de alguém, normalmente está sempre ligado à ação e mesmo quando a pessoa que é bem-sucedida comete erros, ela não desiste, porque ele age, reage e não perde muito tempo se lamentando; elas além de serem ativas, são também proativas.

Não ficar muito tempo se lamentando é importante, pois até uma atitude correta quando aplicada tardiamente, pode tornar-se inapropriada quando passar da hora certa. Não há sucesso sem algum tipo de sacrifício, trabalho, erros e acertos. Normalmente, costumo dizer que o único lugar em que o sucesso vem antes do trabalho é no dicionário, pois sucesso começa com a letra "s" e trabalho começa com a letra "t".

Em todos os lugares, encontraremos chefes e líderes, no entanto, é de fundamental importância, fazermos uma distinção de um e de outro e diferenciarmos onde se aplica a posição de chefe e do líder. Basicamente, um chefe tem a autoridade para mandar e exigir obediência de seus subordinados e na maioria das vezes se considera superior a eles. No entanto, na igreja não deve haver chefe, mas líder e um bom líder tem autoridade não para mandar ou exigir obediência como fazem os chefes, mas para apontar a direção para o sucesso, exercendo disciplina, paciência, compromisso, respeito e humildade. Sobre a diferença entre chefe e líder, falaremos mais adiante.

Diremos ainda que disciplina, paciência, compromisso, respeito e humildade são fundamentais para uma liderança duradoura, por este motivo, devemos nos perguntar se como líderes estamos falhando em alguns desses quesitos, ou ainda se fomos coerentes em nossas decisões e atos, se somos humildes bastante em admitir que erramos ou se colocamos nossos interesses pessoais acima dos interesses de nosso grupo e ou instituição?

Voce também pode até perguntar, o que isso tem a ver com dons importantes para liderança? Pode parecer que não, mas tem tudo a ver, pois liderar é presidir, administrar, governar, é ainda influenciar pessoas, fazendo-as crescer junto com voce, formar novos líderes e incontestavelmente isto é uma qualidade muito importante aos administradores.

O dom de liderança é identificado em Rm 12.8 como alguém que "preside", ou seja, lidera: *"Ou o que exorta, use esse dom em exortar; o que reparte, faça-o com liberalidade; o que preside, com cuidado; o que exercita misericórdia, com alegria"*. Uma pessoa que tem o dom de liderança tem a habilidade de estabelecer planos, comunicar estas metas aos outros e motivar essas pessoas alcançarem essas metas para a glória de Deus.

Também o dom de liderança é identificado em 1 Co 12.28: *"E a uns pós Deus na igreja, primeiramente apóstolos, em segundo lugar profetas, em terceiro doutores, depois milagres, depois dons de curar, socorros, governos, variedades de línguas"*. Nessa versão, o dom de liderança é identificado como "governos".

Uma pessoa que possui o dom de governo deve ter a habilidade de organizar, dar direção, fazer mais de uma coisa, ser eficiente e tomar decisões (acertadas ou não), pois segundo comentário de MacArthur, a palavra "governos é liderança" e esta "palavra vem do grego que significa 'governar um navio' (At 27.11) e fala sobre alguém capaz de liderar os ministérios da igreja de modo eficiente e efetivo".

Esse entendimento está de acordo com Claudionor C. de Andrade que diz que o dom de governo é um "dom sobrenatural concedido pelo Espírito Santo, cuja finalidade é capacitar o obreiro cristão a administrar com singular eficiência as coisas de Deus"[13].

O significado da palavra "governos" em algumas traduções pode ser apresentado como "administração" e segundo Erickson esse é um dos dons espirituais que confere a capacidade de administrar (ERICKSON, Millard J., 2011, pág. 61).

Tudo isso nos leva a concluir que os dons de liderança e a função de administração caminham lado a lado, porque se uma

---

[13] ANDRADE, Claudionor Corrêa de – Dicionário Teológico, Casa Publicadora das Assembleias de Deus, Rio de Janeiro, 2010, pág. 203

pessoa tem o dom de governo ou administração ela tem a capacidade e ou habilidade em liderar, organizar, tomar as decisões necessárias, além de possuir também a habilidade em motivar e trabalhar com as pessoas para alcançar estas metas.

E quando dizemos trabalhar com as pessoas para alcançar estas metas, estamos afirmando que independente de sua posição, todos nós, sem exceção, podemos servir. Devemos ainda perceber que a liderança não se limita apenas aos cristãos com estes dons ou às posições especiais de liderança. **Os cristãos com outros dons espirituais podem e devem ser aproveitados pelos líderes da igreja para servirem em outras posições de liderança** (ênfase do autor).

A liderança ideal

Uma liderança ideal é algo difícil para não dizer impossível de ser defendida, pois temos visto na prática que um estilo de liderança adotado por determinado líder pode ser eficaz para ele em determinada situação e em outra, pode ser ineficaz e até mesmo inadequado na maioria das vezes, por este motivo, muitos líderes acabam exercendo muitos tipos de liderança que apenas é a soma de vários estilos que foi adaptado ao seu estilo.

Podemos exemplificar dizendo que um líder que possui uma personalidade forte, seja dominador ou goste que as suas ideias predominem sobre os outros; aparentemente, isso pode impulsionar uma equipe onde seus membros são mais dependentes ou estejam inseguros na realização da tarefa a ser cumprida. No entanto, isso será bom por um curto espaço de tempo, porque nós seres humanos, somos criativos e nos espelhamos em diversos exemplos e temos a criatividade como uma marca sobre toda a criação realizada por Deus.

Assim, esse estilo de liderança com o passar do tempo, fatalmente causará desmotivação a essa mesma equipe, pois na medida em que elas conquistam pequenos sucessos em seus afazeres, elas se tornam mais maduras e começam a realizar suas atividades com maior autonomia e independência.

Por este motivo, como citado, existe essa dificuldade em definir e ou apresentar um estilo de liderança ideal. Contudo, é bom saber que isso não nos impede de analisar e aprender as diversas formas de liderar, ou mesmo sobre os resultados obtidos por esse ou outro tipo de liderança ou sobre seus resultados finais.

Esta diversidade de estilos na liderança em uma mesma pessoa é boa e não pode ser visto como falta de caráter ou mesmo como se ter uma personalidade dupla. Como já dissemos, a defesa de apenas um estilo como sendo ideal ou mais adequado, pode funcionar apenas por um período de tempo, devido ao fato de existir diversas variáveis que a equipe pode estar passando e isso, certamente exigirá que seja adotada uma forma ou outra de liderança e nunca a mesma postura.

Lembram-se quando citamos o fator da maturidade dos membros da equipe, da autonomia que vai se desenvolvendo no grupo, somando ainda as crenças e valores pessoais de cada um? Um exemplo simplório disso, pode ser visto em nossas próprias atitudes, pois temos um tipo de relacionamento e comportamento diferente com as pessoas no meio familiar, religioso, no trabalho, na hora de lazer, com nossos cônjuges, filhos, conhecidos e desconhecidos que nos apresenta dia após dia, porque temos uma maneira de lidar com cada uma delas.

É oportuno dizer neste momento, mesmo que uma pessoa nasça com traços que demonstrem que ela será um líder; a habilidade de liderança é algo a ser obtido através das experiências de vida e também devemos considerar que pessoa alguma lidera sempre. Isso pode ser visto quando citamos os tipos de liderança democrática e liberal, bem como também nos diversos tipos de equipe que poderemos estar liderando.

Consideremos que estejamos liderando uma equipe extremamente motivada, comprometida em ter sucesso e tecnicamente estejam preparadas para isso. Nosso olhar crítico dirá que o líder dessa equipe valoriza os objetivos e resultados conquistados. O oposto também pode ser verdade, quando temos uma equipe motivada e comprometida, porém ela não está tecnicamente preparada para realizar determinada tarefa que lhe foi confiada; nosso olhar crítico também nos dirá esse líder falhou em capacitar sua equipe com treinamentos adequados.

Outra situação vivida é quando lideramos uma equipe extremamente qualificada e temos uma equipe que não demonstra qualquer tipo de motivação ou comprometimento com os resultados; novamente, nosso olhar crítico também nos dirá que esse líder valoriza apenas os aspectos técnicos das tarefas e negligencia o conceito de uma boa liderança.

Há ainda outro tipo de equipe que podemos citar que é aquela equipe desmotivada, que não tem comprometimento com praticamente quase nada, isso de certa forma nos dirá que tanto o líder quanto a equipe devem rever seus conceitos e infelizmente, nos dias de hoje, esse tipo de equipe existe em muitas igrejas. Um exemplo clássico disso é quando o líder apresenta uma tarefa, a equipe deixa entender que realizará a tarefa proposta e nada faz.

Como líderes, no mínimo esperamos que uma tarefa determinada a uma equipe ou membro deve ser realizada conforme nossa solicitação, mas também devemos nos lembrar que esse mesmo membro ou equipe espera muito mais de nós como líderes. Se o líder, por outro lado, não cobra a falta de resultado, aceita qualquer justificativa, mesmos as mais infundadas, não motiva, não luta pela ideia e por fim, deixa de lado, precisa rever sua liderança e mais ainda, precisa se autodisciplinar para poder liderar.

Para este tipo de exemplo, é aquilo que a maioria das vezes é dito que cada igreja tem a cara de seu pastor, isto porque todo pastor ajuda a moldar a cultura de sua igreja em função do que ele é e do que ele costuma fazer. Pare por um momento de ler estas linhas, reflita e verá que a maioria tanto das organizações como das igrejas, reflete as características de seu líder.

Veja por exemplo como as pessoas que tem um tipo de comportamento costuma atrair pessoas com esse mesmo tipo de comportamento e também atitudes que tem a tendência de se tornar semelhante. Isto porque é a atitude da pessoa que costuma atrair atitudes semelhantes. Isto é verdade quando vemos pessoas que tem uma boa postura e atitude tem a tendência de fazer as pessoas que se encontram próximas de si a se sentirem atraídas a se comportar da mesma maneira.

Na autodisciplina devemos combater com toda nossa força a tendência de inventar desculpas ou mesmos justificativas para não realizar qualquer tarefa, porque isto demonstra insegurança, falta de disciplina, demonstra que voce ainda não tem um objetivo seguro a qual deva lutar, porque todas as justificativas que poderemos apresentar refletem uma falha em nosso caráter e elas são mais desculpáveis do que as justificativas que aceitamos ou concebemos para não realizar aquilo que precisa ser feito ou designado para fazer.

Com essas situações apresentadas, acreditamos que fica evidente a necessidade de o líder não perder de vista suas funções básicas de gerenciador, com atenção centralizada nos objetivos, resultados e capacitação de sua equipe, lembrando que se necessário, o assunto deve ser tratado individualmente, pois cada pessoa tem seu tempo de aprendizagem, absorção de ensino e diferente grau de maturidade de outras pessoas.

Independente de qual tipo seja a equipe que estejamos liderando, é importante não rotular a equipe, pois estaremos limitando seu potencial. É sempre bom citar e lembrar que a responsabilidade em tornar uma equipe eficaz, mais madura é exclusivamente do líder, por este motivo, devemos criar o hábito de constantemente avaliar a nossa liderança, bem como devemos avaliar antes de agir; verificar as possibilidades antes de motivar a equipe; ser o exemplo antes de reclamar sobre qualquer coisa; silenciar se preciso antes de falar e colocar as pessoas certas nos lugares certos, desempenhando a função certa para que toda equipe possa trabalhar harmoniosamente.

Devemos manter o foco no resultado e não nas dificuldades que surgem, pois quando mantemos o foco nas dificuldades que a tarefa ou mesmo o trabalho que fazemos apresenta, poderemos eventualmente ou mesmo provavelmente nos sentirmos inaptos a seguir em frente. Este é um dos motivos pela qual devemos confiar que Deus sempre estará nos auxiliando em todas as etapas de nossa vida, porque Ele nunca nos dará um fardo que não possamos suportar.

Insista em alcançar seu objetivo, não tenha dó de si mesmo. Se Deus o colocou nessa posição, é porque voce tem todas as qualificações necessárias para vencer e estar à frente, desenvolva a autodisciplina, lute contra as tendências de justificar tudo aquilo que deu errado, pense em fazer a coisa certa para alcançar o resultado esperado ao invés de se achar um coitadinho. Acredite que ao fazer o que é certo, voce estará colhendo os galardões ou fazendo a colheita daquilo que semeou. Siga em frente confiando naquele que tudo pode.

Avalie a sua liderança

Mesmo os grandes empresários de sucesso certamente em algum momento de sua carreira profissional, passaram por momentos desconfortáveis, no entanto, a chave de seu sucesso não está na sorte ou mesmo na sina ou destino dessa pessoa. Veremos que além de muito trabalho, eles sempre procuram reconhecer suas vulnerabilidades, viam que ele não poderia realizar nada sozinho, pois dependia direta ou indiretamente de outras pessoas e acima de tudo, procurava adaptar-se ao momento, não ficando na inércia ou mesmo aguardando entrar mais dinheiro para evoluírem tecnicamente a fim de atender a demanda de mercado.

Ao contrário do que muitos pensam, esses grandes empresários não vivem para ganhar dinheiro, pois aquele que se concentra apenas em ganhar dinheiro é materialista e não um empreendedor. A questão dinheiro é interessante, pois pode ser visto sob diversos ângulos. Se uma pessoa se concentra apenas em ganhar dinheiro, como dissemos é materialista, no entanto, quando esse não o consegue, o chamamos de perdedor. Se consegue algum dinheiro e o guarda, chamamos de pão duro, munheca de samambaia, avarento, entretanto, se o gasta, chamamos de gastador. Entretanto, vemos essas situações sobre nossa própria ótica, pois nos esquecemos o tempo investido por eles e as diversas derrotas que sofreram até obter sucesso.

Praticamente estamos dizendo que muitas dessas pessoas consideradas como grandes empresários, tinham visão de negócios, estabelecia prioridades, procuravam se organizar, não eram pessoas reativas, mas proativas, que deixavam seus interesses bem claros aos seus liderados, porque sabiam que é difícil manter uma liderança sobre pessoas que não sabe qual é o objetivo do líder e o que é esperado delas.

Ninguém consegue liderar sem liderados e um dos benefícios encontrados quando temos visão de nosso chamado, é a capacidade de Deus nos enviar obreiros para nos apoiar em nossa missão e para colocar em prática nossa visão, necessariamente precisaremos de uma boa equipe, de pessoas que comunguem com nossos objetivos, bons conselhos. No entanto, devemos nos lembrar que a melhor de todas as visões, sempre inclui Deus, porque somente Ele possui e possuíra plenamente tudo aquilo que necessitamos.

Quando mencionamos acima que estabelecia prioridades, queremos também dizer que ele gerenciava inclusive o seu tempo e sabia o que deveria estar à frente. Existe um dito popular que diz que tempo é dinheiro e isso nos diz que o tempo passa a ser uma das coisas mais preciosas que temos, porque não sabemos o que ocorrerá amanhã, apenas Deus o sabe. Mas, o que adianta saber administrar seu tempo, se voce não sabe ouvir o que as pessoas têm a lhe dizer, não sabe quais são as tendências do mercado ou simplesmente não comunica ou dá retornos às pessoas que voce lidera.

Certamente, o líder deve desenvolver a habilidade de ouvir as pessoas e sabemos que muitas pessoas não gostam de ouvir, principalmente quando se trata de críticas. Primeiro por orgulho próprio e segundo porque também acreditam que as críticas podem trazer desmotivação. É bom sempre nos lembrar que ninguém gosta de seguir um líder orgulhoso, que se ache melhor do que os outros. Podemos dizer que o bom líder é aquele que sabe ouvir o que os outros tem a dizer e os incentiva a dizer o que ele precisa ouvir e não o que ele gostaria de ouvir.

Apesar de sabermos que criticar é dizer mal a respeito de alguma coisa, é censurar, mas nos esquecemos de que criticar também é analisar e podemos tirar proveito dessas críticas. O que me leva a dizer que não existe crítica positiva ou negativa, construtiva ou destrutiva. Existe sim, a crítica e o modo como a recebemos é que a torna positiva, construtiva ou negativa e destrutiva.

Com isso, veremos que receber uma crítica ou apresentar uma crítica pode gerar desmotivação ou ter um efeito contrário, inclusive sob nossos liderados, pois poderá não ser bem recebida e gerar discussões. Acreditamos ser esse um dos motivos que muitos líderes, inclusive de ministério, adiam seu parecer em algumas questões, aguardando que a situação resolva por si só ou apenas que a questão seja deixada de lado. Este é um grande erro.

Devemos notar que atualmente, tanto no mercado de trabalho como no meio eclesiástico, as pessoas estão mais receptivas, procura errar cada vez menos, porque isso traz satisfação pessoal, eles querem conhecer mais sobre si mesmas, colocar a prova seus limites, desejam ainda fazer o melhor quando o retorno é oferecido ou mesmo apresentado na hora certa e da maneira adequada.

O contrário também é válido, pois se nossas ações forem norteadas sobre algumas críticas recebidas, depois de avaliada, poderá resultar em melhor desempenho. É por este motivo que grandes empresas procuram manter um canal de comunicação com seus empregados e as igrejas apesar de manter um canal de comunicação direto com seus membros, nem sempre está aberta para receber críticas.

O motivo de isso acontecer nas igrejas é porque muitos líderes encontram-se sobrecarregados, cheios de afazeres, com tarefas a serem realizadas, com a atenção voltada aos cuidados que seus ministérios exigem e por ser este motivo, é que mais uma vez afirmaremos que sempre é útil identificar possíveis líderes em qualquer área ministerial ou ainda, identificar pessoas que tenham esse potencial para liderar.

Acreditamos que se voce não consegue identificar alguém em potencial que possa lhe auxiliar ou mesmo ser seu sucessor, voce estará prestando uma grande contribuição para a estagnação do ministério e principalmente para si próprio, pois aquele que não confia nas pessoas que estão ao seu lado, também não atribui tarefas para os mesmos e não contribui para o sucesso de seu ministério.

Quando voce conhece o potencial de cada um de seus membros ou liderados e os desafia a liderar mesmo que por um curto período de tempo ou para determinada tarefa, voce poderá dispensar esse tempo em outras tarefas inacabadas ou que denotem sua maior atenção. Lembrem-se que em Atos dos apóstolos eles designaram outras pessoas para que eles pudessem despenhar o papel que lhes era o principal, aliviando assim a pressão de tarefas que poderia chegar a ser estressante a eles, devido ao acumulo da referida tarefa ou do tempo gasto.

A pressão faz parte dos negócios de um modo geral, mas sabemos que ela também afeta as pessoas de forma e modos diferentes. Também poderemos dizer que a pressão tem o seu lado positivo, porque a pressão é ainda oportunidade de crescimento para aqueles que sabem lidar bem com ela.

Gerenciar ou liderar, eis a questão

Apesar de que para muitas pessoas as palavras gerenciar e liderar possam parecer sinônimas, existe uma grande diferença entre seus significados. Esta afirmação está baseada de que podemos encontrar empresas que tem muito a nos ensinar sobre organização, por serem bem gerenciadas, contudo, essa mesma empresa pode não é bem liderada.

Para se ter uma ideia, verificamos o significado dessas palavras na Grande Enciclopédia Larousse Cultural que diz que gerenciar é simplesmente "exercer as funções de gerente; administrar uma empresa na qualidade de gerente"[14], já a palavra liderar quer dizer "dirigir como líder, chefiar" é também "ocupar a principal posição no decurso de uma competição desportiva[15]"

Vemos com isso que gerenciar é aquele que exerce a função de gerente em uma empresa tanto comercial quanto industrial, cuja função é administrar aquele estabelecimento, enquanto liderar apesar de exercer em parte a função de gerente,

---

[14] Volume 11, página 2698

suas atribuições vão além do gerente em si, pois o líder é uma pessoa que orienta, que dirige e guia os seus liderados. Voce só será um líder se tiver seguidores.

Ter seguidores, normalmente requer estabelecer relacionamentos; para isto, voce deve construir relacionamentos com as pessoas certas em número suficiente para voce poder desenvolver seu potencial de liderança e assim se tornar um verdadeiro líder. Seguidores precisam de líderes que possuam capacidade de orientá-los de forma coerente e eficaz.

O desenvolvimento de seu potencial de liderança está ligado diretamente aos relacionamentos que voce vem construindo, pois quanto mais forte for o relacionamento estabelecido entre as pessoas, de modo proporcional será o relacionamento que eles terão com voce, certamente eles estarão mais dispostos a te seguir e te ajudar. Lembre-se que normalmente as pessoas não se envolverão com voce, até saberem o quanto voce se preocupa com elas.

Para eles, não importa o quão sábio voce seja, importa mesmo é o quanto voce se preocupa com elas, pois as pessoas normalmente esperam que os líderes as ajudem a chegar onde

---

15 Volume 15, página 3589

elas desejam ir, no entanto, o verdadeiro líder faz além do que elas esperam. Por isto é muito importante voce encontrar algum tempo e dedicar-se a cada membro de sua equipe.

A obra "o monge e o executivo" na página 51 nos traz uma importante lição do que é ser líder; "um líder é alguém que identifica e satisfaz as necessidades legítimas de seus liderados e remove todas as barreiras para que possam servir ao cliente. De novo, para liderar voce deve servir". Na página 52, o autor complementa: "Eu disse que os líderes deviam identificar e satisfazer as necessidades de seus empregados e servi-lo, atendê-los. Eu não disse que eles deviam identificar e satisfazer as vontades das pessoas, ser escravos delas fazendo o que os outros querem, os servidores fazem o que os outros precisam. Há um mundo de diferença entre satisfazer vontades e satisfazer necessidades". (grifo do autor)

Cremos que isso já demonstra que gerenciar e liderar não são palavras sinônimas e acreditamos que no mundo atual, todos já tenham ouvido falar da globalização e com o advento da internet temos visto um ambiente de rápidas mudanças, tanto no mercado como também no comportamento e prender-se a determinado método de rotina empresarial, seria o mesmo que apostar na estagnação, na mesmice da empresa.

A liderança de qualquer empresa deve sempre apostar nas mudanças, deve ainda procurar inovar, ajustar-se as novas tendências e renovar. Essas são as condições básicas para a continuidade e o desenvolvimento de qualquer organização nos dias de hoje.

Uma empresa bem organizada e eficiente é uma empresa bem gerenciada, mas nem sempre é uma empresa bem liderada ou bem-sucedida. O segredo do sucesso de qualquer liderança, mesmo no meio eclesiástico não é ter bons gerentes que fazem as coisas certas nos momentos certos, o que toda empresa necessita é de líderes que façam o que é certo.

Se formos criteriosos veremos que tanto o sucesso como o insucesso fizeram parte na vida de pessoas bem-sucedidas. A diferença deles conseguirem tornar favorável à sua situação, é que eles usaram como fonte os insucessos para aprenderem com seus erros. O sucesso que experimentamos, tem o poder de nos fazer sentir capazes de realizar outros atos e nos dá também confiança para seguir em frente, enquanto os insucessos têm o efeito oposto.

Mas não é por este motivo que devemos desconsiderar as lições que o insucesso pode nos apresentar. Normalmente os fracassos nos revelam inicialmente que tínhamos uma ideia equivocada, pode também mostrar os erros nas avaliações, nos métodos, nas ações, nos planejamentos do trabalho. Se nos permitirmos avaliar nossos insucessos como fonte de informações que devem ser evitadas, aprenderemos uma grande lição. Esta acaba sendo uma diferença entre as pessoas comuns e o líder, pois os primeiros possuem a tendência de ocultar, deixar de lado e procura esquecê-los, enquanto este último, procura estuda-los e aprender com eles.

Ocultar os insucessos ou mesmo ficar preso ao que aconteceu no passado, não nos ajudará no presente em sermos líderes eficazes. Minimizar, ignorar, esquecer nossos erros é outro erro a ser evitado. Devemos ser realistas e compreender que talvez o insucesso foi devido nossa falta de experiência ou talvez estivéssemos perseguindo uma ilusão que poderia trazer consequências não tão satisfatórias como desejaríamos.

Temos consciência de que Deus as vezes permite que situações ruins aconteçam em nossas vidas para que possamos subir a patamares maiores, por este motivo, devemos ter fé e crer que no final, encontraremos a vitória almejada. Entretanto, é muito bom equilibrarmos nossa fé, com otimismo e realismo dos acontecimentos ocorridos, pois o grande inimigo que devemos vencer é a incerteza de um futuro melhor, as mudanças que por vezes costuma assombrar algumas pessoas.

Assim, nossa recomendação é antes de tudo, predetermine seu curso de ação, não o deixando rígido demais a ponto de não aceitar ajustes ou adequações. Estipule metas com prazos razoáveis, comunique com sua equipe seus planos, discuta com eles, aguarde a aceitação de todos, incentive-os a lutar por esta causa, sendo voce o primeiro entre todos. Apaixone-se pelas suas ideias e sigam em frente.

Normalmente, é prudente aguardar que poderão surgir alguns problemas, mas se voce e sua equipe estiverem preparados, certamente o problema será apenas um pequeno obstáculo a ser superado. Vale afirmar que a todo momento, devemos refletir sobre nossos planos, pois assim, o sucesso alcançado ou mesmo o insucesso, será uma arma para atingirmos nossos objetivos.

Quando nos preparamos adequadamente, transmitimos às pessoas a sensação de segurança e confiança, sendo esses os agentes motivadores de uma equipe. Não importa aqui o tamanho da obra a ser realizada, seja ela pequena ou grande, porque no final o importante é o apoio que temos, a aceitação do grupo por nossos planos e o sucesso alcançado por todos. Por isso é importante dialogar com nossa equipe, estudar as possibilidades que podem prejudicar nossa empreitada e não menosprezar a experiência passada de quem quer que seja. Confiança é antes de tudo, a base fundamental da liderança, por isso é que os líderes não podem e nem devem repetidamente, quebrar a confiança das pessoas; lembre-se sempre disso.

A confiança não é construída simplesmente falando ou ensinando a pessoas. A confiança é construída principalmente com resultados positivos apresentados à equipe, com integridade no caráter e verdadeira preocupação demonstrada por cada membro dessa equipe, pois quando o caráter de um líder é inquestionável, as pessoas tendem a confiar nele, em sua capacidade de realizar, de alcançar seu potencial, de levar também essa equipe a patamares maiores. Tudo isso lhes dão confiança de um futuro promissor, como também, fortalece os vínculos neles mesmos e na instituição a qual pertencem.

Liderança pastoral e suas consequências no meio familiar

Neste tópico como o próprio título já diz, faremos uma breve abordagem sobre a liderança pastoral e suas consequências em uma área que normalmente é pouquíssimo abordado. Cremos que o motivo está relacionado por esses grandes obreiros crerem que se deve enfrentar tudo de peito aberto, jogando a culpa por vezes quando ocorre algo de negativo, a influência do maligno.

As consequências das quais nos referimos, apesar de haver discordância em alguns aspectos, é o excesso de trabalho dispensado ao ministério que algumas vezes faz com que a pessoa deixa de ter o devido cuidado com a sua própria saúde física, somado ainda a ausência do lar em diversas situações onde o cuidado com a igreja torna necessário à sua presença.

Normalmente, os pastores de um modo geral, veem isso como uma condição indispensável de seu ministério, mas acreditamos que as consequências precisam e devem ser avaliadas na vida de cada líder. Para isso, aconselhamos perguntar às pessoas mais próximas de nós que são nossos cônjuges e filhos.

Esse tipo de visão e aceitação que muitos líderes têm sobre seu ministério, em certo sentido sacrifica não apenas o líder em si, mas ele também leva a sua família junto. É devido a este motivo que podemos encontrar esposas ou mesmos maridos de líderes que apesar do sorriso, do silêncio e apoio dado ao cônjuge no ministério, revelam dentro de si frustrações, depressão e pouquíssimas vezes amargor em sua vida, quando não muito, decepção.

Infelizmente esta realidade ronda em muitos lares cristãos, tanto é que podemos encontrar um grande número de filhos de pastores que, ao alcançarem a idade da independência, abandonam a igreja ou estão envolvidos em alcoolismo, adultério e não sendo raro, partem da droga lícita para ilícita, quando por vezes, se envolvem em homossexualismo e tráfico. Para isso, podemos encontrar uma série de justificativas, mas a base para esse desequilíbrio familiar de líderes eclesiásticos, está relacionada ao excesso de trabalho dispensado ao ministério e algumas vezes, é simplesmente devido à ausência paternal e ou maternal.

Normalmente, nós cristãos, costumamos dizer que o casamento é uma instituição criada por Deus e a família consequentemente é a dádiva de Deus; então, se a família é dádiva de Deus e o ministério pastoral é uma vocação também dada por Deus, um não pode em hipótese alguma anular o outro. Mas o que vemos é a priorização do ministério sobre a família que fica sempre em segundo plano ou quando não é ao menos considerada.

A voces pastores, pastoras, líderes de ministérios, digo que **nossos filhos precisam em casa mais de pais, mães, maridos, esposas do que de pastores, pastoras e líderes de ministérios** (ênfase do autor). Pode parecer duro de nossa parte escrever tal afirmação, mas é imprescindível saber que é possível conciliar o trabalho eclesiástico com o bem-estar da família.

É fato que o trabalho eclesiástico toma muito de nosso tempo e reconhecemos o preço a ser pago em realizar um ministério efetivo e liderar a igreja de Cristo com eficiência, porém, estas ações não o diminuíram diante da comunidade cristã, mas ao contrário do que pensamos poderá gerar aspectos positivos na vida de nossos liderados, pois gerará respeito e credibilidade quando temos a condição de demonstrar submissão à Palavra de Deus.

Em 1 Tm 5.8 está escrito: *"Mas, se alguém não tem cuidado dos seus, e principalmente dos da sua família, negou a fé, e é pior do que o infiel"*. A Bíblia da Família comentando sobre este versículo nos ensina que "a família é a célula básica da sociedade e da igreja. Se a família não está bem, todos os outros relacionamentos, as idealizações, empreendimentos, a vida profissional e espiritual também não estarão". Finaliza exortando que devemos amar nossos filhos e ser um bom exemplo, pois "amar e cuidar da família é um exercício de fé e de amor"[16].

Como podemos constatar, o excesso de trabalho nas atividades eclesiásticas vem sendo negligenciada por alguns de seus líderes e a própria Palavra nos aponta o caminho correto a ser seguido, tanto é que a Bíblia de Estudo Aplicação Pessoal[17], faz a seguinte consideração:

---

[16] A Bíblia da Família, Sociedade Bíblica do Brasil, São Paulo, 2008, pág. 1268
[17] Bíblia de Estudo Aplicação Pessoal, Casas Publicadoras das Assembleias de Deus, 2009, pág. 1707

> Quase todas as pessoas têm parentes, algum tipo de família as relações familiares são tão importantes aos olhos de Deus, que Paulo diz que uma pessoa que negligencia suas responsabilidades familiares nega a fé. Voce está fazendo sua parte para ajudar nas necessidades daqueles que estão inclusos em seu círculo familiar?

Este assunto é tão sério que qualquer cristão que negligência sua família é taxado como aquele que nega a fé e é também considerado pior do que o ímpio. Pior do que o ímpio, infiel, descrente, pior do que os que não creem, dependendo da versão que voce utiliza, é algo muito sério, pois grande parte dos ímpios de um modo geral preza pela família. Nós cristãos que temos o chamado de Deus quando não cumprimos 1 Tm 5.8 agimos de maneira pior daqueles que consideramos espiritualmente pior do que nós.

No entanto, devido à natureza e importância do assunto, 1 Tm 3.4,5 está escrito: *"e que governe bem a própria casa, criando os filhos sob disciplina, com todo o respeito (pois, se alguém não sabe governar a própria casa, como cuidará da igreja de Deus?)"*. Estes versículos nos apontam que devemos ser exemplo, saibamos presidir e ter autoridade em nossos lares. Lembrando que ter autoridade não é ser ditador e quando se refere que os filhos devem ser criados sob disciplina, quer dizer que eles devem ter boa conduta e serem respeitosos.

> Os trabalhadores e voluntários cristãos às vezes cometem o erro de pensar que seu trabalho é tão importante que eles o usam como justificativa para ignorar suas famílias. A liderança espiritual, porém, deve começar em casa. Se um homem não está disposto a cuidar, disciplinar, e ensinar seus filhos, não está qualificado para liderar a igreja. Não permita que suas atividades voluntárias diminuam suas responsabilidades familiares[18]

Para finalizar este tópico de liderança pastoral e suas possíveis consequências no âmbito familiar, por tudo que foi dito até o momento, remeteu-me a um episódio do livro de James C. Hunter que sucintamente narra o seguinte acontecimento dentro de uma sala de aula onde um pequeno grupo de pessoas de diferentes áreas profissionais foi surpreendida quanto se perguntou se eles estavam dispostos a darem a vida por Cristo.

Diante de algumas afirmações o professor apresenta sua argumentação dizendo que não foi isso que Jesus pediu e que isso tem levado muitos a desenvolverem o que chama de

---

[18] Bíblia de Estudo Aplicação Pessoal, Casas Publicadoras das Assembleias de Deus, 2009, pág. 1704

"Síndrome de Messias". Apesar de ser uma obra baseada nos princípios de uma liderança, vemos muitos líderes que estão dispostos a enfrentar dias e mais dias pelo bem-estar de seu rebanho, para glória do Reino. Esses estão literalmente se sacrificando pela igreja de Cristo

Confesso que este é um ideal lindo e quando dito firmemente, crendo no fundo de nossos corações, trabalhar para o crescimento do Reino, é uma obra edificante. Voltando para nosso professor, ele afirma que somente um pode entregar a sua vida pela igreja e morrer por ela e essa pessoa é Jesus Cristo, pois ele já fez isso por nós uma única vez na cruz do Calvário e não pediu a ninguém mais para fazê-lo novamente.

Humildemente pedimos para voce leitor, pensar a respeito de tudo isso que foi escrito. Peça orientação a Deus sobre sua vida ministerial e familiar e se necessário for, mude algumas situações, estabeleça prioridades. Faça isso pelo bem-estar de seu ministério e da sua família.

Liderança na vida pública e privada

Desenvolvemos este tópico, devido a questionamentos de pessoas que conhecem e reconhecem a boa liderança de certas pessoas no meio comercial, industrial e público de um modo geral, mas essas mesmas pessoas falham em sua liderança na vida privada, principalmente quando se refere a sua liderança na vida familiar. Pode parecer que não, no entanto, uma pessoa pode ser um bom líder no trabalho, na igreja ou onde quer que esteja e o inverso não ser verdade, ou seja, essa pessoa poderá ser um mal líder em sua própria casa.

As Sagradas Escrituras nos mostram através das palavras do apóstolo Paulo essa realidade, pois ele chegou a mencionar esse fato em 1 Tm 3.4,5: *"Que governe bem a sua própria casa, tendo seus filhos em sujeição, com toda a modéstia (porque, se alguém não sabe governar a sua própria casa, terá cuidado da igreja de Deus?)"*. Wiersbe ressaltando sobre este versículo relata sobre aquele que não sabe governar bem em sua própria casa:

> Se os próprios filhos de um indivíduo não lhe obedecem nem o respeitam, dificilmente sua igreja lhe obedecerá e respeitará sua liderança. Para os cristãos, a igreja e o lar são

> uma coisa só. Devemos administrar ambos com amor, verdade e disciplina. O pastor não pode ser uma pessoa em casa e outra na igreja. Se isso acontecer, seus filhos perceberão, e haverá problemas. Os termos "governe" e "governar" em 1 Timóteo 3:4.5, significam "presidir sobre algo, dirigir", e indicam que é o pastor quem dirige os negócios da igreja (não como um ditador, obviamente, mas como um pastor amoroso cuidando de seu rebanho – 1 Pe 5.3)[19]

Creio que seja de conhecimento de muitos cristãos, o testemunho apresentado por uma criança de poucos anos de idade, filho de pastor que vendo o pai pregando no púlpito e como ele tratava todos na igreja, pediu a mãe para eles mudarem para igreja, porque ali o pai não falava mal, não gritava, não batia e era uma pessoa totalmente diferente do que era em casa. MacArthur adverte:

> Um presbítero deve primeiro provar na intimidade e na exposição de seu próprio lar sua capacidade de conduzir outros à salvação e à santificação. Ali, ele prova que Deus lhe tem dado a capacidade espiritual única de dar um exemplo de virtude, servir aos outros, resolver conflitos, construir a unidade e manter o amor. Se ele não pode fazer essas coisas essenciais em casa, por que alguém acharia que ele seria capaz de fazê-lo na igreja?[20]

---

[19] WIERSBE, Warren W. – Novo Testamento – Comentário Bíblico Expositivo, Volume 6, Editora Geográfica, São Paulo, 2006, pág. 287

[20] Bíblia de Estudo MacArthur, Sociedade Bíblica do Brasil, São Paulo, 2011, pág. 1658

Com tudo o que foi relatado até o momento, vemos que nem sempre pessoas que aparentemente tem uma boa liderança na vida pública e até mesmo na igreja (no caso, referindo-se ao meio eclesiástico) que prega bem, onde a igreja cresce numericamente, pode não ter uma boa liderança na sua vida pessoal. Isso nos leva a perceber que devemos diferenciar entre o que é público e o que se passa na vida privada ou pessoal, pois publicamente a pessoa pode ser nota 10 e dentro de casa receber uma nota bem baixa.

Contudo, é importante citar que se esse ou essa líder é um bom pai ou uma boa mãe dentro de casa, de um modo geral, serão também um bom líder fora de sua casa, pois liderar uma igreja é por analogia, exercer a paternidade.

O problema que visualizamos de a pessoa ser uma coisa em casa e outra na igreja, é que quem o conhecer nessas duas posições, verá o que ele prega e orienta as pessoas a fazer, não condiz com seus atos fora da igreja ou quando se encontra sozinho. Isso o poderá levar ao descrédito, quando poderá ser taxado de duas caras. O certo é que a vida pública de uma pessoa não poderá ser desassociada da vida pessoal e é por este motivo que todo cristão ou ímpio, deve se policiar a todo instante, pois o que está se colocando em jogo, é sua própria autoridade.

Vigia irmão! Vigia irmã! É o que muitos cristãos dizem a outro cristão quando é incoerente com os ensinamentos da Palavra de Deus. Essa pequena reprimenda demonstra a incoerência dos atos praticados e não a falta de caráter, como alguns poderão julgar. O verdadeiro caráter de uma pessoa é revelado pelas atitudes da mesma e não pelo que ele diz ou afirma ser. O caráter é quem define o que a pessoa e, por isso, não devemos ser incoerentes principalmente com a Palavra de Deus.

Dentre os diversos significados apresentados pelo Dicionário Aurélio, separamos os descritos abaixo que mais se encaixam no contexto do assunto: "O conjunto dos traços particulares, o modo de ser de um indivíduo, ou de um grupo; índole, natureza, temperamento. O conjunto das qualidades (boas ou más) de um indivíduo, e que lhe determinam a conduta e a concepção moral. Gênio, humor, temperamento".

Assim, vemos que caráter é a índole, firmeza e coerência de atitudes praticadas. Também como mencionamos anteriormente, a vida pública não pode ser desassociada da vida privada, iremos um pouco mais além dizendo que a verdadeira liderança é exercida com o caráter, pois é o caráter que define o verdadeiro líder e as adversidades enfrentadas pelo líder, revela a natureza desse líder e não forma necessariamente o caráter da pessoa, pois na adversidade temos de escolher caminhos e esse não forma o caráter. A adversidade tem também o poder de revelar o caráter de um líder ou de qualquer pessoa.

Já a falta de caráter de qualquer pessoa, quando não corrigida, pode se tornar um sério problema, não apenas para a própria pessoa, mas também para aquelas outras pessoas que a cercam. Por este motivo, é bom nos perguntar se as pessoas que lideramos confiam em nós e reconhecem acima de tudo, que o caráter de um líder é algo importante e sério? Todo líder eficiente e coerente, deve estar atento, observar em qual área tem errado, começar a enfrentar esses erros, retratando com as pessoas que feriu e enfrentando as consequências. Somente assim é podemos corrigir nosso ímpeto.

No entanto, não devemos ficar apenas na teoria, pois uma coisa é enfrentarmos nossos erros para construir um futuro melhor para nossa liderança e outra, é apenas ficar na tentativa, pois se nada fizermos para corrigir nossos erros, poderemos com o tempo voltar a cometê-los.

Exemplo disso, citamos o que Jesus dizia sobre os fariseus, chamando-os de raça de víboras em Mt 12.34 e também em Mt 23.27 chamando os escribas e fariseus de hipócritas; dizendo que são parecidos com sepulcros caiados, tornando mais uma vez a chamá-los de hipócritas no versículo 29 e no versículo de número 33 de serpentes e raça de víboras. Estes exemplos demonstram as pessoas que tem duas maneiras de se mostrar e agir. Publicamente, pode parecer bonito (sepulcros caiados), na em sua vida privada, são podres, colocando em decomposição o Evangelho que afirmam crer e seguir.

A liderança exercida por Jesus era coerente com seu caráter, sua integridade, pois ele mais do que qualquer pessoa, praticava aquilo que falava e ensinava. Para exercermos uma boa liderança cristã, devemos ter dignidade, agir com honestidade, amor e ser coerente com tudo aquilo que pregamos, ensinamos e aconselhamos. Jesus nos deu o exemplo e muitos podem achar que para Jesus foi fácil, pois ele é o messias ungido, o primogênito de Deus; então o que podemos dizer de José cuja história está descrita em Gênesis?

Se almejarmos ser usados como líderes cristãos, precisamos no mínimo tentar o máximo possível imitar o exemplo de José. Vemos como ele foi provado e sua integridade, após o incidente com a esposa de Potifar que o acusou injustamente, nunca correu o risco de ser questionada.

O líder cristão ora pelos outros, planeja com os seus liderados, delega responsabilidades, acompanha, auxilia, avalia a execução do que foi determinado ao grupo a fazer, ele também aprende novas lições sempre. Então, poderemos dizer que o verdadeiro líder cristão é alguém que tem firmeza em suas convicções religiosas, é uma pessoa solidária, empática, é uma pessoa motivadora, proativa, procura o benefício das pessoas e não procura apenas benefício pessoal, é comprometido com os ensinamentos de Cristo e ocupa a posição de líder também para servir.

O líder cheio do Espírito Santo não procura reconhecimento, fama, poder ou status social, pois esses priorizam o Reino de Deus e veem a sua posição de liderança como oportunidade de glorificar a Deus, pois essa é a essência da boa liderança cristã.

A essência da liderança

Vimos ao longo deste estudo, falando sobre liderança, sobre servir, conhecer, motivar sua equipe, ajustar-se tecnologicamente ao mercado, dividir tarefas, identificar sucessor, etc., porém essa realidade é válida para o meio eclesiástico, onde é obrigação do líder servir, conhecer os membros da igreja, motivar sua equipe, podendo utilizar tecnologia para melhoramentos na gestão, inclusive da secretaria, dividindo tarefas, identificando líderes para evitar sobrecarga, formar discípulos entre outras coisas.

Apenas líderes conscientes e fortes procuram sucessores e dão poder a eles. Para liderar bem uma equipe, é necessário inicialmente ajudar a equipe a atingir o seu potencial, estar junto a eles, conhece-los, ajuda-los a alcançar o sucesso. Sabemos que muitos líderes não desejam dar poder aos outros, por receio de perder poder, mas quando damos poder aos outros, não damos carta branca para tudo, apenas parte do poder, da responsabilidade, por isso, mesmo que dermos poder a muitas pessoas, sempre sobrará poder em nossas mãos, pois estaremos liderando líderes e liderar bem é fortalecer as pessoas a liderarem. Pode parecer um paradoxo, mas adquirimos autoridade quando abrimos mão dela.

No entanto, cremos que além dessas comparações, a obrigação do líder é ajustar sua vida e da igreja à Palavra de Deus. Voce pode ter uma igreja onde numericamente, o número de membros vem crescendo exponencialmente, voce conhece a todos, chama-os pelo nome e não apenas genericamente pelo título de irmão ou irmã, varão ou varoa, profeta ou profetiza de Deus, benção ou abençoado e etc.

Voce pode ser um líder ativo encontrando-se presente na vida da igreja, onde a igreja cresce e as maravilhas de Deus vem se revelando dia após dia, contudo, com esse crescimento, também crescem as expectativas, os resultados e consequentemente os problemas na mesma proporção. Crescimento, gera desenvolvimento que gera mudanças e que por sua vez, gera melhorias, se você souber lidar com elas.

Vale dizer com relação a tratamento genérico de irmão, irmã, varão, varoa, profeta, profetiza, benção, abençoado, homem de Deus, mulher de Deus, demonstra que não conhecemos nosso liderado como ele gostaria que o conhecêssemos. Jo 10.2,3 está escrito: *"Aquele, porém, que entra pela porta é o pastor das ovelhas. A este o porteiro abre, e as ovelhas ouvem a sua voz, e chama pelo nome às suas ovelhas, e as traz para fora".*

Se quisermos motivar as pessoas, é necessário que conheçamos essas pessoas, chamando-as pelo nome, valorizando o seu trabalho por mais humilde que possa parecer e principalmente dando a elas um tratamento pessoal. Devemos estar em contramão da despersonalização existente nas igrejas de hoje. Não devemos ver nossos liderados como pessoas qualquer, mas como um cliente. Se nós ou a igreja não o tratar bem, uma outra igreja e ou outro pastor o fará.

De início, vemos que o foco se encontra na gestão e não nas pessoas. A igreja está na contramão da via indicada por Deus. Uma analogia bem simples disso pode ser verificada na própria natureza humana que priorizada sempre o eu. Mesmo uma criança de pouco tempo de vida, também prioriza esse eu; e isso é algo inato.

Assim como no princípio os pais acham graça nessa priorização que é percebida na criança, pois veem como parte do crescimento na vida do filho ou filha, com o passar do tempo, o eu em primeiro lugar para essa criança deixa de ser uma graça e parte do crescimento da vida, pois agora os pais veem isso como algo a ser trabalhado.

Sabemos que existem pessoas que trabalham melhor sozinhas, mas quando essas pessoas precisam trabalhar em equipe, se demonstram improdutivas, porque não aprenderam a trabalhar coletivamente e estão acostumadas a querer na maioria das vezes, que os holofotes estejam direcionados apenas a sua pessoa. Devemos nos lembrar de que o trabalho em equipe, além de envolver mais pessoas, maiores recursos, maior número de ideias e menos dispensação de tempo em realizar um trabalho, tem o potencial de maximizar o potencial do líder, porque o ponto de vista de uma pessoa apenas, não é tão amplo como de uma equipe, além de aumentar a produtividade.

É preciso que aprendamos a trabalhar em equipe, sermos unidos em nosso ideal, pois o trabalho em equipe, de forma alguma é uma competição. Não estamos disputando, não somos rivais uns dos outros, mas membros do corpo de Cristo e por este motivo, não deve haver competições, nem ciúmes, pois o trabalho em equipe envolve o engajamento de todos em uma mesma causa.

A vida não é o eu apenas e agora, eles tentam ensinar o coletivo, o nós ao invés do eu. Infelizmente muitos líderes vivem sua vida eclesiástica como crianças que estão aprendendo aos trancos e barrancos o coletivo ao invés do individualismo. Escondem-se atrás de belos ternos, utilizando seu charme pessoal, a inteligência que Deus lhes deu, priorizando em alguns momentos, seu próprio interesse do que os interesses da coletividade, ou seja, da igreja. Esses erram como aquelas criancinhas que estão ainda formando seu caráter e ainda veem o mundo como se girasse em torno de seu próprio umbigo (eu primeiro).

A Palavra de Deus nos mostra que o próprio Deus nos criou à sua imagem e semelhança, pois somos a coroa da criação. O próprio Jesus que sendo Deus, veio para nos salvar, para servir e não ser servido. Segundo suas palavras em Mt 20.28: *"Bem como o Filho do homem não veio para ser servido, mas para servir, e para dar a sua vida em resgate de muitos"*. Também em Mc 10.45: *"Porque o Filho do homem também não veio para ser servido, mas para servir e dar a sua vida em resgate de muitos"*. Já em 1 Tm 2.6 lemos as seguintes palavras:

"O qual se deu a si mesmo em preço de redenção por todos, para servir de testemunho a seu tempo".

Não apenas a Palavra de Deus, mas também a história nos mostra que na vida de grandes líderes, a essência de sua liderança encontrava-se no servir, porque um líder jamais é valorizado ou honrado pelo número de pessoas que o servem, mas ao contrário, ele é valorizado e mesmo honrado pelo número de pessoas que ele (líder) serve. Exemplos clássicos e recentes disso, citamos tanto Gandhi como madre Teresa de Calcutá, cujos ideais e alegria tinham como base os direitos humanos e em servir ao próximo, isso ainda sem falar em Francisco Bernardone e Clara, mais conhecidos como São Francisco de Assis e Santa Clara de Assis.

Ao lermos a biografia desses e de outros líderes mundialmente famosos, perceberemos que a essência de uma liderança está em entender a escala de prioridades, saber os anseios e expectativas de sua equipe, pois para um líder, o que é mais importante é sua equipe.

Isto em outras palavras quer dizer que no mundo atual, vivemos em uma época onde o trabalho em equipe é uma necessidade e não simplesmente uma opção de escolha, porque quem não souber trabalhar em equipe, se encontrará à margem da sociedade e estará fora do mercado de trabalho, independentemente de sua área de atuação. A sociedade hoje em dia, exige o nós ao invés do eu.

Finalizaremos dizendo que compreender ou mesmo tentar compreender as pessoas, é sempre o caminho a ser trilhado, porque sabemos que nunca agradaremos a todos, pois vivemos em um mundo onde ainda reina os interesses do eu primeiro e a essência da liderança, é também saber ouvir, ter resultados com uma equipe motivada que realizem suas tarefas com alegria e amor em seus corações.

Cuidados que devemos ter para uma boa liderança

Inicialmente pode parecer e até mesmo soar estranho, dizer que para se ter uma boa liderança ser necessário alguns cuidados, contudo, para o leitor mais atento, perceberá que ao longo destas páginas, esses cuidados vêm sendo tratados gradativamente. Assim como uma pessoa que se encontra com sua saúde abalada, requer cuidados durante sua convalescência para restaurar sua saúde, assim também acontece com a liderança, por isso trataremos sobre os cuidados para ter uma boa liderança.

Conforme afirmamos, há alguns cuidados que devemos dispensar para uma boa liderança e esses cuidados longe de ser uma fórmula mágica de se obter uma excelente liderança de uma hora para outra, são princípios básicos que se seguidos, podem garantir no mínimo aos líderes e seus liderados que os coloquem em prática, uma boa gestão com uma equipe confiante, íntegra, motivadora, competente que possui uma visão do processo que estão inseridas em seu ministério e que acima de tudo, valorizam as pessoas que se encontram ao seu redor.

Iniciamos assim, com o primeiro cuidado básico destinado não apenas a todos os líderes e liderados, mas a todo cristão independente da denominação e ocupação ocupada. Esse cuidado que se torna um dever de todo povo de Deus, pode ter como base as palavras contidas no livro de Mateus 5.48: *"Sede vós pois perfeitos, como é perfeito o vosso Pai que está nos céus"*. Sabemos que nós seres humanos estamos longe de ser perfeito como foi Adão antes do pecado, no entanto, estas palavras ditas pelo filho unigênito de Deus, está também se referindo à integridade de nosso caráter.

Integridade segundo definição do dicionário, é ter a qualidade de íntegro; inteireza, estando ainda vinculada à retidão, imparcialidade, inocência, pureza, castidade. Ser íntegro é ter sentimento de dignidade; brio, honra, decoro; zelo pela própria reputação.

Todo bom líder deve possuir ou no mínimo, esforçar-se por apresentar uma integridade irrefutável em seu caráter. Quando dizemos isso, não estamos falando de aparências, mas de qualidade. Essa qualidade de ser íntegro em seu caráter, não deve ser apenas uma qualidade que um líder deve ter, mas todos os seres humanos e mais ainda, todo o cristão.

Dizemos todo o cristão, porque todo cristão que crê em Jesus Cristo como seu único e suficiente salvador, crê nas palavras contidas na Bíblia, deve ser um exemplo vivo do verdadeiro cristão que vive as palavras que ele diz crer. Salientando que esta integridade não deve ser aparente, deve ser exercitada tanto na vida pública como na vida particular de cada um. Lembrando ainda que ninguém jamais foi honrado por aquilo que recebeu, mas ao contrário, foi honrado por aquilo que fez.

O que queremos dizer é que a integridade de caráter, deve refletir a todo momento em nossa vida familiar, no trabalho, nos negócios, na igreja, no ministério, com as pessoas que nos veem como líderes, nos valorizam pelo que somos e acima de tudo, devemos também essa integridade com Deus, pois ao derramarmos nosso coração diante de Deus, devemos ser sinceros e ter um coração que agrade ao nosso Senhor e Criador.

Vale a pena salientar que voce que é líder ou ainda que almeje alcançar a posição de líder, tenha sempre em mente que voce precisa mostrar a todo instante o seu valor como homem ou mulher de Deus, sua ética de trabalho tanto no ministério como fora dele, em seu ambiente de trabalho e no lar, lembrando aqui mais uma vez que as pessoas seguem irremediavelmente uma ideia e ideais e não pessoas, pois elas sabem que pessoas são falhas, quer dizer, podem falhar em várias áreas, mas aquela que falha em seu caráter, separa e distancia as pessoas de si.

Diremos ainda que a pessoa para ter uma boa liderança, além de zelar pela integridade de seu caráter, deve ser motivadora e acima de tudo competente. Ser competente é atribuição de todo bom líder e ser competente quer dizer que essa pessoa possui capacidade, habilidade, aptidão para resolver ou mesmo fazer determinada coisa no momento oportuno de maneira correta, o desempenho de sua função.

Essa capacidade, qualidade ou competência, seja a palavra que voce deseje empregar, varia de acordo com o contexto onde se desenvolve o exercício da liderança, pois voce deve se lembrar sobre a posição única adotada por um líder que demonstra ser adequada em alguns momentos e em outros momentos, a mesma posição pode ser inadequada. Isso também demonstra que as pessoas além de seguirem uma ideia ou ideal, somente te seguirão se voce demonstrar capacidade de envolver e fazer com elas te siga. Equivocadamente alguns líderes pensam que se a causa que eles defendem for justa, as pessoas o seguirão, no entanto elas esquecem que liderança não funciona dessa maneira.

Além da integridade de caráter, ser motivadora, competente naquilo que faz, outro cuidado que todo líder deve ter para ter uma boa liderança é que ele ou ela deve possuir uma visão do processo da qual estiver inserida em seu ministério, pois todo bom líder deve ter um objetivo, saber o caminho que está tomando para alcançar esse objetivo, não deve ser inseguro, pois um líder inseguro, nunca conseguirá fazer as pessoas e seus liderados se sentirem seguros e ainda tem o poder de limitar o potencial dessas pessoas bem como do ministério a qual lideram.

Ter um objetivo, saber ou mesmo pretender chegar a algum lugar, determinar seu caminho para alcançar esse objetivo, é possuir uma visão com senso de direção, de responsabilidade não apenas consigo, mas também com seus liderados; é por fim, possuir um propósito não apenas momentâneo, mas um propósito que pode durar enquanto existirem pessoas que defendam sua ideia ou ideal. Contudo, infelizmente nos dias de hoje, as pessoas olham mais para si, procuram mais os seus direitos do que procuram assumir responsabilidades e fazer o que for necessário para realizar suas tarefas. Esta garra em fazer o necessário para realizar suas tarefas, é uma qualidade muito apreciada nas pessoas responsáveis, principalmente por nós líderes.

Possuir esse tipo de visão é ter um ponto firme, saber onde pisa e a distância de um passo para outro, não é ter um pé no chão e outro nas nuvens. É triste, mas muitas pessoas confundem e taxam as pessoas que tem esse ponto firme, sabe aonde quer ir e como chegar, como visionário sem saber na realidade o que é visionário.

Ser visionário, segundo definição dessa palavra apresentado pelos léxicos, é ter ideias extravagantes, excêntricas, estando ligado a visões; é ainda aquele que tem visões ou acredita ver fantasmas, devaneador; utopista. Lembrando que devaneador é o mesmo que sonhador, utopista e ser utopista é aquela pessoa que defende ou concebe utopias.

A palavra utopia além de representar um lugar onde regem ideais, leis, instituições altamente aperfeiçoadas, é também um projeto irrealizável; quimera; fantasia, segundo os dicionários. Aplicando tudo isso, devemos ao invés de ser visionários, devemos ser realistas, procurar ver, analisar os acontecimentos, no intuito de antecipar possíveis tendências e utilizar em nossa gestão, aplicando-as ao grupo.

Esse tipo de visão tem o seu lado positivo e certamente encontra-se no campo daquilo que se pode realizar, principalmente quando o líder possui um bom relacionamento. Esta é a chave mestra que o líder deve ter em mãos quando decide realizar as tarefas. Não devemos subestimar o poder do relacionamento nas vidas das pessoas e nunca devemos também subestimar o relacionamento, principalmente quando é com o Todo Poderoso que o abençoa com sabedoria e esse adquire experiência de vida, utilizando-a em seu ministério.

Se em uma empresa é exigido uma boa interação pessoal entre os funcionários, imagine quanto o mais a interação pessoal deve ser para um líder. O relacionamento entre as pessoas é muito importante pelo simples fato de que as pessoas sentem o desejo de relacionar-se, especialmente com aquelas pessoas com as quais ela se dá bem. É através do relacionamento ou interação pessoal que o líder começa a desenvolver a capacidade de entender como as pessoas a sua volta sentem e pensam; por este motivo, podemos afirmar que dificilmente a pessoa não será um líder se não tiver a capacidade de interagir com outras pessoas.

Incontestavelmente, as pessoas que lideramos procuram ter um objetivo, um sentido para sua vida, por isso elas desejam saber para onde estão indo e essas ao depositarem confiança de sua vida espiritual nas mãos dos líderes das igrejas, fazem porque voce tem um caminho certo a ser seguido, um porto seguro onde eles podem ancorar com segurança. Por este motivo que os líderes devem observar o modo de ser de cada pessoa, entende-las e relacionar-se com elas, pois isto é essencial no processo de desenvolver confiança.

Dê um tratamento individualizado a cada pessoa e não um tratamento igual a todos, porque as pessoas gostam de se sentir especiais, procuram ter um direcionamento correto para sua vida, assegurando assim um futuro melhor e por este motivo, como líderes, devemos dar-lhes esperança, encorajá-las e ajuda-las a vencer.

No entanto, se voce não tem a capacidade de saber qual caminho trilhar, Deus não lhe deu estratégias a ser seguida, não possui sabedoria para lidar com as situações e adversidades, não vislumbra no mínimo um futuro melhor na qual vale a pena perseverar, para garantir no mínimo, um pouco de conforto espiritual; tenha certeza que ninguém estará disposto a trilhar esse caminho com voce.

Dito estas palavras, podemos afirmar ou mesmo concluir que parte dessa visão que todo líder deve ter, em certo sentido está relacionado à inspiração, pois todos anseiam por algum significado na vida. Cremos que todos os liderados, no mínimo devem saber o motivo pela qual estão fazendo o que fazem, porque eles devem ter motivos para continuar nesse tipo de vida e é dever do bom líder ter esse cuidado com as pessoas, pois ele deve e precisa mostrar esse significado que todos querem ter.

Como líderes, devemos mostrar e demonstrar a paixão que temos não apenas pelas causas de Deus, mas também a paixão que devemos ter por uma vida mais saudável. Quem não valoriza o que faz, também não valoriza a si próprio. Devemos nos apaixonar por nossos sonhos e propósitos, pois se não conseguimos demonstrar esse amor que temos, certamente não conseguiremos arrebanhar pessoas para as causas celestiais e a perderemos para o mundo.

Se não conseguimos nos apaixonar pela causa que defendemos, seremos exemplo de desmotivação e certamente nossa liderança não alcançará êxito. A paixão normalmente é um agente catalisador que gera maior empenho de nossa parte, que nos dá forças para seguir em frente; entretanto, ainda nos dias de hoje, muitas pessoas veem a paixão apenas em seu aspecto negativo. Diremos mais uma vez que se um líder não se apaixonar pela sua causa, não alcançará o êxito esperado, entretanto, um líder com grande paixão, mesmo que tenha poucas habilidades, realizará mais coisas do que um líder sem paixão.

A verdade é que voce não poderá ser um líder ou liderar qualquer coisa se não estiver comprometido e ou apaixonado por aquilo. Por fim, o cuidado que devemos ter para se ter uma boa liderança, também está relacionando no ponto chave que vemos desenvolvendo ao longo desta obra, que é a valorização das pessoas, amá-las pela que são e não pelo o que elas fazem.

Esse é um aspecto fundamental da boa liderança, tem como base o amor que devemos ter pelas pessoas como temos a nós mesmos. O bom líder entende que liderança começa no coração, no desejo de servir e não na vontade de estar em destaque, na razão puramente humana. Se determinado líder desempenha seu papel baseado em razões meramente humanas, não depositando, estimulando o poder que o amor tem sobre tudo e todos, corre o risco de criar um ambiente com pessoas amargas, sem compromissos com seus afazeres ministeriais, porque a psicologia nos diz que as pessoas não se envolvem em uma causa, onde elas não são amadas ou encontrem um objetivo para sua vida.

Não existe líder descompromissado de seu ministério e equipe, porque todos aqueles que lideramos em certo sentido, depende de seu líder, pois uma das coisas que inspira e atrai pessoas, é o compromisso demonstrado pelo seu líder. Salientando que o compromisso demonstrado por um líder, precisa ser maior que os de qualquer membro de sua equipe. Sua dedicação deve ser honesta e inquestionável.

Por incrível que pareça, são as pessoas e não os nossos objetivos que são a causa principal da boa liderança, sem as pessoas não existe liderança, porque não há quem liderar. Nossa sugestão é que voce como líder, deve amar o próximo como a si mesmo como a Bíblia nos orienta. Ame acima de tudo quem voce lidera.

Esperamos que ao final deste tópico, voce possa parar por um momento e refletir sobre tudo o que foi escrito sobre os cuidados que devemos ter para se ter uma boa liderança e possa colocá-las em prática, não o mais breve possível, mas neste exato momento. Faça isso, tanto na sua vida ministerial como pessoal e que Deus o abençoe.

Resistência à liderança

Se a sua liderança de alguma forma está sendo questionada ou mesmo vem encontrando resistência a todo instante, o que podemos orientar é que seja perseverante. Voce deve perseverar porque em primeiro lugar voce não foi colocado como líder sem ter um motivo; segundo porque voce deve conservar firme e constante em seus propósitos; afinal de contas, voce como líder deve ser o primeiro a ter ou mostrar firmeza naquilo que acredita e depois porque os líderes normalmente não desistem no meio do caminho.

Não apenas os líderes, mas também qualquer ser humano em algum momento de sua vida, enfrentará adversidades, resistências ou oposições, mas somente o verdadeiro líder quando enfrenta os questionamentos e resistências de sua liderança, porque haverá momentos em que o comprometimento com a Palavra de Deus e com seu ministério, será a única arma que o motivará a continuar. Por este motivo, se desejamos conquistar qualquer coisa e ou vencer resistências em nossa liderança, nós precisamos estar e ser comprometidos.

Se voce não tiver firmeza em seu intento e deixar-se esmorecer, então precisará conviver com a frustração de não ver seus sonhos realizados e acima de tudo, verá a sua posição de líder cair por terra, lembrando ainda que essa posição lhe foi concedida por Deus e não por voce mesmo ou lhe foi conferida por homens. Não podemos em hipótese alguma, permitir que seja qual for à resistência que estivermos enfrentando, tire o prazer e a alegria que sentimos com aqueles que caminham conosco. Não devemos ainda, permitir que o desânimo e resistência de uns poucos, nos desvie de nosso objetivo.

Se voce sente que está começando a trilhar esse caminho, entre em oração e passe um momento ou o tempo que for preciso para começar a avaliar os motivos de sua liderança estar encontrando resistência. No entanto, não demore muito tempo nessa questão. Reflita sobre todos os pontos de sua liderança e procure ainda ver as razões dessa resistência, se necessário for (o que não dispensamos) é fazer uma análise das origens dessa resistência, avaliando ainda a sua postura diante disso e não menos importante, analisar também cada um de nossos liderados.

Dizemos analisar os nossos liderados porque normalmente uma resistência é sempre apoiada por mais de uma pessoa; mesmo que as outras não admitam abertamente, sempre haverá quem apoiam ideias e mesmo que essas ideias sejam de resistência à liderança. Um opositor, normalmente não resiste sozinho contra um líder, por isso, ele busca apoio e em uma proporção altíssima, ele sempre encontra pessoas determinadas em apoiá-lo.

Na igreja também não é diferente, mesmo que essa resistência não seja deflagrada abertamente, encontraremos pessoas por trás das cortinas que se opõe a nossa liderança em algum ponto. Uma das coisas mais difíceis de lidar em liderança, é com a falta de transparência tanto nossa como de nossos liderados, principalmente em se tratando de uma igreja onde temos vários líderes em diversas posições.

Quando notamos essa falta de transparência por parte de nossos liderados, seguida de oposição à liderança, acredito que a melhor solução seja não trabalhar mais com aquela pessoa, pois se o liderado que trabalha com voce ou participa de sua equipe, se opõe a sua liderança, não é sincero, é certo que em algum momento, essa pessoa poderá se aliar a outros, quando não muito, levar em frente à oposição e te prejudicar no futuro. A isso também estendemos para aqueles que não respeitam sua autoridade e se opõe às suas orientações; porque se ele não segue suas instruções, é devido ao fato dele não dar crédito à sua liderança e se alguém não dá crédito a sua liderança, também não merece trabalhar junto à voce.

Em certo sentido, voce pode achar que é isso que as empresas seculares fazem, mas esse princípio é bíblico, pois vemos que Deus após criar o homem, deixou como incumbência de cuidar do jardim do Éden, isto seria o mesmo que deixar Adão como o responsável por aquele jardim e certamente assim foi feito. Adão era o administrador, o gerente, o líder responsável pelo Éden, ele detinha a autoridade para governar. A Bíblia diz que Deus deixou uma ordem para Adão, lavrar e guardar o jardim (Gn 2.15), ou seja, dar manutenção, ser produtivo, zelar por aquele jardim e aproveitar das benesses que aquele jardim proporcionava.

Entretanto, pelos relatos bíblicos, vimos que os primeiros seres humanos não seguiram as instruções de Deus e não conseguiram lavrar, guardar o jardim e não comer do fruto que lhe foi proibido comer. Deus nos apresenta uma lição nesse sentido: se voces não tem condições de atender apenas a esses dois pedidos que deixei como norma, então voces não servem para trabalhar comigo. Deus acaba por demitir Adão e Eva expulsando-os do paraíso. *"O SENHOR Deus, pois, o lançou fora do jardim do Éden, para lavrar a terra de que fora tomado. E havendo lançado fora o homem, pôs querubins ao oriente do jardim do Éden, e uma espada inflamada que andava ao redor, para guardar o caminho da árvore da vida"* (Gn 3.23,24).

A expressão *"lançou fora do jardim do Éden"* é a carta de demissão de Deus para Adão e Eva por justa causa. Não teve conversa, nem negociação e muito menos omissão por parte de Deus. Por este motivo que dissemos que falta de transparência, sinceridade seguida de oposição à liderança é igual demissão. Sabemos que a igreja deve sempre prezar em restaurar a pessoa, então esse deve ser o primeiro passo e não apresentando o resultado esperado, a demissão deve ser considerada.

Se o assunto não é tratado adequadamente e com seriedade, certamente essa pessoa poderá influenciar negativamente outro liderado e esse mais outro e mais outro. Devemos prezar pela transparência sendo retos no agir e no falar. As palavras ditas à nossa frente, nem sempre expressam a verdade contida na mente e coração de cada um. Jr 17.9 está escrito que *"enganoso é o coração, mais do que todas as coisas, e perverso; quem o conhecerá?"*.

Devemos nos lembrar de que pertencer a um grupo, não implica necessariamente estar comprometido com esse grupo. Existe outro exemplo bíblico que podemos apresentar que ilustra essa situação. Judas Iscariotes, por exemplo, era membro participante dos doze discípulos de Jesus e conviveu com ele, todo o seu ministério terreno. Ele recebeu autoridade e poder de Jesus para pregar o Evangelho, curar doentes; no entanto, vemos que mesmo fazendo parte desse grupo mais seleto de Jesus, ele não permaneceu comprometido com esse grupo até o fim, resultando em traição.

Isto nos leva a dizer que uma pessoa pode pertencer a um grupo, mas isso não significa que ela esteja comprometida com esse grupo, pois existe uma diferença entre ser do grupo e estar no grupo. Judas por exemplo, apesar de tudo estava no grupo seleto dos doze discípulos de Jesus, mas na realidade apesar de tudo que aprendeu, vivenciou, podemos dizer que ele não era desse mesmo grupo.

Não querendo questionar o ambiente onde lideramos, diremos que onde há desconfiança e onde voce como líder, é constantemente questionado, encontrando oposição por todos os lados, não é um ambiente tão confiável como desejaríamos que fosse, pois ninguém conseguirá liderar em paz, onde se encontra pessoas que querem puxar o seu tapete a qualquer momento.

Infelizmente esse ambiente de discórdia disfarçada e de resistência, não é privilégio de instituições seculares, pois podemos encontrar nos bastidores de nossas igrejas. Se não estivermos atentos e tomarmos cuidado, esse ambiente pode proliferar, principalmente onde falhamos como líderes em ouvi-las, levar em conta os anseios coletivos do grupo ou mesmo quando apenas ouvimos e não consideramos a posição colocada.

É muito triste. No entanto, precisamos admitir que nos dias de hoje, as igrejas evangélicas ou ditas evangélicas, são mais conhecidos na mídia e páginas sociais, mais pelos escândalos, mentiras e representações teatrais do que por seu testemunho. O apóstolo Paulo escreveu que ele não se envergonhava *"do evangelho de Cristo, pois é o poder de Deus para salvação de todo aquele que crê"* (Rm 1.16), entretanto, o que mais vemos hoje, é aqueles que defendem ou deveriam defender o evangelho de Cristo a todo custo, serem a vergonha do evangelho de Cristo.

A isso diremos que o ambiente onde as pessoas não têm a liberdade de colocar seus questionamentos, expô-los sem pensar em uma reprimenda futura, é um ambiente viciado. Como líderes, não devemos deixar brecha para reinar discordâncias e pensamentos que possam se assemelhar a dardos que nos atingem. Afinal de contas, pelo que já aprendemos até o momento, diremos que perseverar não é apenas insistir, por isso, devemos ser transparentes ao nosso grupo e exigir o mesmo desse grupo em relação a nós e em hipótese alguma, devemos confundir transparência com falta de opinião.

Entretanto, se após a análise, concluirmos que a resistência encontrada em nossa liderança, deve-se a falta de informação sobre os objetivos que temos, ou mesmo por disputa para estar no poder; vá à luta e conceda ao grupo as informações necessárias; prepare-se para provar que o lugar é seu por desígnio de Deus. Todo líder cristão, precisa saber que sua força e recursos são provenientes de Deus e por este motivo, voce não deve recuar, resista, persevere sempre em cumprir sua missão.

Não se esquecendo de que a perseverança não deve ser confundida com teimosia ou disputa de poder; nem humildade e submissão com modéstia e orgulho. Na teimosia, somos insistentes, na humildade, tributamos o sucesso de nossas vitórias a Deus; na modéstia essa tributação a Deus é negada, recaindo o galardão sobre nós mesmos e no orgulho, o sucesso é todo meu, tudo graças a mim, ao meu próprio esforço e mérito. Eu mesmo, convivi com pessoas assim em meu ambiente de trabalho.

Feito isso, acreditamos que os liderados estarão dispostos a reavaliar suas posições e apoiar sem maior resistência o seu ponto de vista, desde que haja clareza das metas que pretende alcançar, porque assim, voce quebrará resistências e eles passarão a confiar mais em voce como líder, pelo simples motivo de a persistência demonstrada por voce, ser também uma forma de demonstrar que voce sabe aonde quer ir, tem certeza de seus propósitos pessoais e também de seu ministério.

Entretanto, nem tudo é um mar de rosas. Sabemos que por mais que nos esforcemos, o entendimento de cada pessoa pode ser diferente um do outro e até do nosso. Encontraremos pessoas que com uma conversa apresentando os prós e contra de nossa liderança, podem deixar de resistir à nossa liderança, enquanto encontremos aqueles que poderão persistir no intento de resistir a toda e qualquer conversa e argumentação apresentada.

Há ainda aqueles que em parte aceitarão os argumentos apresentados e mesmo assim ficarão com "um pé atrás", ou seja, permanecerão desconfiados e não se comprometem com nada. Este é o clássico tipo de pessoa que não tem objetivo e exatamente por este motivo, é que não se comprometem ou tem medo de se comprometerem com algo. Isto sem contar com aqueles que ficarão entusiasmados com tudo, mas ao sinal de qualquer problema, recuarão temendo serem atingidos. Esses últimos são pessoas desistentes que tem um objetivo, sabem o que querem, porém desistem facilmente a qualquer sinal de dificuldade.

Em certo sentido, isso tudo mais parece com a parábola do semeador contada por Jesus. Devemos aprender que quando trabalhamos com um líder que não se importa de argumentar, apoiar, motivar, entender os pontos divergentes de sua equipe, é um grande privilégio, pois essas atitudes tornam mais fáceis o entendimento e aceitação de opiniões divergentes que possam prevalecer.

Finalizando, devemos saber que fomos chamados por Deus para fazer a obra de Deus e não para contar os inimigos ou opositores que surgem à frente de nosso ministério. Se fomos vocacionados e chamados por Deus para realizar a sua obra, então não devemos temer a oposição, pois ela nada mais é do que uma oportunidade de avaliarmos a nós mesmos, nosso ministério e objetivos.

No entanto, devemos saber que os problemas internos costumam ser mais sérios e mais perigosos do que aqueles problemas que vem de fora, porque a causa do problema pode ser nós mesmos. Os problemas vindos de fora, algumas vezes, costuma ser meros boatos, mas não é por este motivo que devemos descartá-los sem uma análise mais apurada. Existe um ditado que diz que por traz de qualquer boato, existe um fundo de verdade.

Ressaltando que independente de tudo, voce sempre enfrentará problemas porque vivemos em um mundo cheio de adversidades, corrupto e também porque nunca conseguiremos estar no domínio de todas as coisas que nos cercam. Devemos nos lembrar que cada pessoa tem o seu modo de ser e agir; por este motivo, essa interação pode gerar conflitos, porque as pessoas reagem diferentemente aos problemas de maneira diferente e como líderes, não podemos deixar a emoção nos dominar e nem perder o foco de nossa liderança. Não devemos e não temos a solução para todos os problemas, mas podemos solucionar cada problema por vez.

Se por algum motivo voce sente dificuldade de resolver algum problema, sugerimos que dedique algum tempo, encontrando o cerne da questão, procure analisar o máximo possível. Se necessário for, compartilhe sua carga com sua equipe ou alguém de confiança e coloque em prática a melhor solução visualizada.

Liderança não combina com hipocrisia

Dentre algumas definições apresentadas pelos dicionários, citamos que hipocrisia é impostura, fingimento, simulação, falsidade, falsa devoção. Este assunto é tão sério que o próprio senhor Jesus proferiu várias advertências sobre isso, direcionado aos escribas e fariseus em Mt 23.13 em diante. E pelo contexto das advertências, vemos que em algum lugar desses "ais" proferidos por Jesus, serve de advertência também para nós.

Esses "ais", originalmente foram proferidos contra os líderes religiosos daquela época e a expressão "ai de vós" além de ser uma advertência, demonstra um pouco de tristeza pela posição que esses líderes ocupavam. Mesmo que alguns relutem, os "ais" proferidos por Jesus nos mostra uma posição firme contra a hipocrisia, a falsidade e a falsa devoção dedicada a Deus.

"Ai de vós, escribas e fariseus, hipócritas, porque fechais o reino dos céus diante dos homens; pois vós não entrais, nem deixais entrar os que estão entrando" (Mt 23.13). Esta primeira advertência de Jesus implica dizer que aqueles que

pregam a salvação por obras, tornaram impossível ao povo alcançar a salvação, pois o sistema farisaico estava baseado no legalismo onde diversas leis foram criadas procurando estabelecer uma justiça própria.

"Ai de vós, escribas e fariseus, hipócritas, porque devorais as casas das viúvas e para o justificar fazeis longas orações; por isso, sofrereis juízo muito mais severo!" (Mt 23.14). Aqui Jesus revela a pratica gananciosa dos escribas e onde os fariseus se escondiam por detrás de longas orações, tentando ostentar sua espiritualidade, cujo desejo era ser reverenciado pelas pessoas do que a verdadeira devoção a Deus.

O versículo 15 de Mt 23 está escrito: *"Ai de vós, escribas e fariseus, hipócritas, porque rodeais o mar e a terra para fazer um prosélito; e. uma vez feito, o tornais filho do inferno duas vezes mais do que vós"*. Vemos que esses ao invés de conduzir os prosélitos a Deus, eles arrebanhavam seguidores para atender seus próprios interesses e todo aquele que prega seu próprio interesse, merece um ai de Cristo.

Os versículos 16 a 22 advertem sobre aqueles que fazem falsos juramentos; seguido dos versículos 23 e 24 que esses líderes buscavam cumprir os detalhes da lei, pois eles pesavam um décimo de cada erva. O ai de Jesus revela que esses, negligenciavam preceitos mais importantes como a justiça, a misericórdia e a fé.

A próxima advertência apresentada por Jesus contra os líderes religiosos, revela uma religiosidade reduzida à obediência de certos rituais, pois o foco deles era apenas nas questões exteriores e Jesus os repreendeu mais de uma vez por isso.

O ai dos que mantém falsa aparência descrito em Mt 23.27-28 como sepulcros caiados, revela uma imagem externa aparente de brilho, de limpeza e algumas vezes pomposamente ornados, no entanto, o interior estava cheio de podridão e decomposição.

Existem situações onde podemos pensar que tudo está bem, tanto em nossa vida como na vida eclesiástica, por causa da aparente calmaria, onde tudo ocorre da maneira como vemos pedindo a Deus. No entanto, Deus pode estar querendo mais de nós, e nós, não entendemos isso, pois essa aparente beleza que estamos vivendo, pode até nos empolgar, mas com toda certeza não empolga a Deus.

Há muita coisa que vemos dentro de nossas igrejas, onde visitantes ou até mesmo membros da igreja podem exclamar: "que maravilha, Deus está abençoando este ministério" e aos olhos de Deus, tudo isso pode não passar de uma pequena brisa, de uma construção que não possui alicerce, inclusive na Palavra de Deus e é exatamente aí que podemos ser comparados a sepulcros caiados.

Há muitas coisas que enchem os nossos olhos, como um culto onde diversas pessoas falam em línguas, choram, caem por terra, mas tudo isso, não toca o coração de Deus, *"porque o Senhor não vê como vê o homem, pois o homem vê o que está diante dos olhos, porém o Senhor olha para o coração"* (1 Sm 16.7).

Deus não se impressiona com aparência ou com a beleza, Ele prefere corações maduros e obedientes. A aparência não conta. Deus não quer que vivamos de aparência, que sejamos sepulcros caiados, Ele enxerga as profundezas de nossos corações e mesmo que tudo superficialmente pareça belo, com certeza, Ele verá que somos vasos que precisam voltar para as mãos do oleiro.

Os versículos de 29 a 34 revela que esses líderes diziam honrar seus pais na fé, nos profetas enviados por Deus, no entanto, Jesus revela o contrário, pois a santidade da presença de Jesus expunha esses religiosos.

Com o exemplo bíblico citado, vemos que liderança não combina com hipocrisia, no entanto, assim como os escribas e fariseus que tinham uma posição contrária ao entendimento de Cristo, infelizmente alguns líderes religiosos de nossa época têm andado errante em seu ministério e somente quando o Espírito Santo os convence de seus erros, é que eles procuram endireitar seus caminhos e buscam o socorro de Deus.

Por causa disso, devemos procurar ser o mais reto possível, deixar a hipocrisia de lado, para que realmente Deus fale aos nossos corações e mente, porque assim como em alguns momentos de nossa liderança, poderemos parecer sem rumo, perdidos, nos sentindo sozinhos, sem saber qual caminho tomar, devido às diversas decisões que precisaremos tomar, o silêncio de Deus impera e não temos inspiração do que fazer.

Como líderes temos a responsabilidade de tomar algumas decisões, umas fáceis outras nem tanto e em momentos onde não sabemos o que fazer, podemos nesses momentos, tomar algumas decisões erradas, mas devemos nos lembrar de que Deus nunca nos negou o desejo em nos guiar, por isso, devemos clamar com todas as nossas forças àquele que realmente pode nos ajudar.

A maior expressão de Deus em querer nos ajudar está em Jesus Cristo. Ele é a luz do mundo, conforme as palavras escritas em Jo 1.4,5; 9.5 e a todo aquele que está sem saber aonde ir, quer mudar o rumo de vida e liderar não feito aos escribas e fariseus, busque a Jesus Cristo, cujo atributo é ser misericordioso, tem compaixão e faz justiça aqueles que o amam, é puro e santo. Cristo vive e porque ele vive é que ele pode nos transformar de escribas e fariseus em verdadeiros discípulos.

Exercer liderança em momentos de adversidades

Devido à nossa natureza humana, muitos gostam de estar à frente e em evidência, no entanto, existem pessoas que estão prontas para todo tipo de serviço, mas gostam de trabalhar por detrás das cortinas, ou seja, nos bastidores. É correto dizer que algumas pessoas se sentem desconfortáveis quando precisam assumir a liderança diante de qualquer situação, pois a primeira preocupação que vem à mente será a capacitação e preocupação para não deixar o barco à deriva.

Essa preocupação é minimizada quando tudo está bem, contudo quando assumimos a liderança em momentos de adversidades, muitos preferem ser comandados a comandar e é exatamente neste momento que surge o verdadeiro líder. Porém, devemos nos lembrar de que é nos momentos de adversidade, crise, dificuldade, quando ninguém quer assumir o papel de líder, é que a figura de um líder se torna indispensável, porque a maioria das pessoas nas igrejas está à procura de um ponto de referência, onde pode encontrar uma direção segura a ser seguir, um apoio de espiritual, emocional à suas preocupações.

Continuar a exercer a liderança ou assumir a liderança em tempos de adversidade é um grande desafio, porém não impossível de ser vencido e para isso, exigirá do líder a responsabilidade dele fazer o melhor possível, pois ele será o ponto de referência. Exigirá ainda outros pontos que vemos apontando ao longo deste livro que é exercer uma influência positiva, ser motivador e apontar alternativas viáveis para a solução dos problemas.

Com relação à responsabilidade de um líder em ser o ponto de referência, podemos dizer que as decisões que serão tomadas, podem afetar a vida da igreja e consequentemente à vida das pessoas que se encontram nessa igreja. Essa responsabilidade, pode levar alguns líderes a postergar algumas decisões ou mesmo de tomar uma decisão precipitada, pode ainda levar o líder tomar decisões erradas e ou adiar demais uma ação, ou mesmo colocar em xeque a sua liderança.

O mesmo vale para quando algo de errado acontece, mesmo que esse erro não seja a culpa do líder, esse deve assumir a responsabilidade, pois aconteceu quando tudo estava sob sua direção. Lembram-se quando dissemos que a primeira preocupação daquele que assumirá a liderança em tempos de adversidade, será a capacitação e preocupação para não deixar o barco à deriva? Então, fazendo uma analogia entre o barco e a liderança de uma pessoa, o líder pode ser considerado como o capitão daquele barco e o que acontecer ao barco, é de inteira responsabilidade do capitão.

Contudo, toda essa responsabilidade pode ser amenizada quando utilizamos a sabedoria que nos foi dada por Deus, pedindo-o orientação para lidar com aquela situação e também quando compartilhamos com nossos liderados, dizendo que não sabemos o que fazer naquele momento, pedir ajuda e estar aberto a todo tipo de orientação. É claro que devemos ter o entendimento que nem tudo que for dito, será acatado, mas deve-se considerar outros pontos de vista e será bom ouvir novas possibilidades.

Entretanto, ao concluirmos que o melhor caminho será tomar tal decisão, é preciso compartilhar essa decisão com todos. Dividir informações, compartilhar decisões, não pode ser visto como se voce estivesse passando a responsabilidade de sua liderança para as pessoas, mas ao voce fazer isso, estará dividindo preocupações e ouvindo seus liderados, estará abrindo uma porta para novas possibilidades e quem sabe, isso poderá esclarecer pontos que passaram despercebidos, sem sua avaliação e possa ajudá-lo a tomar a decisão correta.

Vale a pena dizer que compartilhar decisões com nossos liderados ou com a equipe da qual estamos à frente, é um processo que depende de confiança e entrosamento. Todo líder além de compartilhar suas decisões, deve ainda procurar ter o máximo de informações possível sobre o assunto ou problema a ser tratado. Devemos ser cautelosos, reconhecer que não temos resposta para tudo, devemos avaliar as possibilidades, ter paciência, sabedoria e saber que toda decisão traz um tipo de risco, alguns menores, outros maiores e correr esse risco, é algo que nem todos estão prontos a fazê-lo.

Por este motivo, mais uma vez diremos para compartilhar as decisões ou ideia com a equipe que estiver liderando, buscar ajuda, ouvir opiniões, buscar orientação do alto e esforçar-se ao máximo para não errar. Lembrando também que se a ação tomada for acertada, dê crédito a todos, porque o verdadeiro líder enxerga o sucesso de sua equipe como o maior elogio que ele poderia receber.

O motivo pela qual devemos dar crédito a todos de nossa equipe, primeiramente porque é o correto a se fazer, segundo porque não é justo apenas voce (no caso, o líder) receber os méritos, quando existe muitas pessoas trabalhando para que se chegasse ao sucesso. Entretanto, se acontecer o contrário, a ação tomada deu errado, não atribua o erro à sua equipe, pois voce é o líder e decidiu após análise tomar aquela decisão.

No entanto, não é para voce desanimar, não deixe o desânimo e a insegurança ser o agente limitador de seu verdadeiro potencial. Saiba que o mundo é feito de lutas e tivemos apenas uma pequena derrota, por isso, devemos nos preparar para a próxima luta, sabendo que ao final, não da próxima luta, mas da batalha, deveremos nos preparar para a grande vitória.

Para enfrentar as lutas que estiverem por vir e preparar-se para a grande vitória, é necessário que tenhamos uma posição positiva, sejamos otimistas quanto ao futuro e tenhamos a capacidade de motivar nossa equipe, pois um bom líder deve sempre exercer influência positiva para o seu grupo.

Exercer o papel de motivador, incentivador é o mesmo que dar forças ao grupo para enfrentar as lutas e vencer as adversidades ou desafios que estiver por vir. Liderar não é só conhecer técnicas de motivação ou mesmo realizar diversas tarefas, promover atividades para entrosamento do grupo ou ainda promover eventos para arrecadação de recursos para a obra. Liderar é conhecer e entender a nós mesmos, nossas limitações, se quisermos realmente entender as pessoas que nos cercam. Em outras palavras, liderar é aprender a diagnosticar e interpretar as situações do momento e também de nossos liderados.

Isto quer dizer que liderar é também se importar com o próximo, é caminhar com as pessoas lado a lado e ajudá-las a fazer suas vidas melhores, é ainda servir com o seu tempo, com seu carro, é também simplesmente ouvir as pessoas e aconselhar segundo a Palavra de Deus. Ouvir as pessoas não é ouvir seus lamentos, a isso devemos exortar, dando uma direção para que essa pessoa possa melhorar de vida e ensiná-las a Palavra de Deus.

Como líderes motivadores, devemos buscar novos líderes que tenham não apenas um sonho a ser concretizado, mas também que tenham o compromisso de exercer as responsabilidades de uma liderança e esteja disposto a servir. Como cristão que somos, é responsabilidade de todos nós, servir, ajudar e amar ao nosso próximo, pois somente assim poderemos contribuir para o engrandecimento do Reino dos céus e estar vigorosos para enfrentar novas batalhas, assim como Calebe aos 85 anos de idade se encontrava.

Finalizamos este tópico dizendo que quando um líder assume a liderança em momentos de adversidade, a roda gira, as águas se movem e coisas acontecem. Mesmo que os acontecimentos não sejam sobrenaturais, a roda da vida e nossa liderança não ficam estáticas, imóveis, hibernadas. Mesmo que não conseguimos visualizar esse movimento, outro movimento sutil ocorreu que é a transformação daquele momento de adversidade em oportunidade de aprendizado para nossa liderança, oportunidade de superação de nossa equipe. Deixe de ver a adversidade como um problema, mas veja a adversidade como parte de uma solução a ser trabalhada.

Mas quando um líder por incapacidade ou mesmo omissão, resolve deixar simplesmente a roda girar, além de ele perder essas oportunidades, ele pode colocar, como dissemos anteriormente, em xeque sua liderança. É importante refletir e ainda compreender as adversidades na perspectiva de Deus, pois não devemos nos ater aos problemas, mas no Deus que permitiu que aquele problema fosse manifesto para nosso aprimoramento, para o crescimento de êxito em nosso ministério. Devemos nos lembrar de que somos referência, somos como placas sinalizadoras que indicam um caminho a seguir, por este motivo, devemos ter o cuidado de estar sempre indicando boas alternativas, procurando sempre a sabedoria de Deus para todos os momentos de nossas vidas.

A influência de cada líder está proporcionalmente relacionada à sua capacidade de se comunicar e se fazer compreendido, por isso, não apenas os líderes, mas todos nós precisamos saber comunicarmos eficazmente, expressar nossas aspirações, convicções, ideias, metas, de estarmos aptos a levar nossos liderados a patamares mais elevados de espiritualidade e conhecimento, para que eles possam manifestar a glória de Deus na terra. Lembrando ainda que o conhecimento por si só, não faz com que uma pessoa seja um líder, no entanto, sem o conhecimento necessário, é aconselhável não assumir qualquer liderança.

Dificuldades na liderança pastoral

Falar de dificuldades na liderança pastoral é um assunto pouco abordado por esses líderes que temem desencorajar as pessoas a seguirem uma vida eclesiástica exemplar. Na liderança pastoral encontramos algumas dificuldades que coloca à prova esses líderes e sua fé naquele em que ele afirma crer. Sim, coloca a fé dos líderes à prova porque é onde se deve demonstrar a perseverança naquilo que crê e prega; a paciência e domínio próprio, para ouvir em primeiro lugar antes de falar; a cordialidade demonstrando que Deus nos fez uma nova criatura e acima de tudo isso, o amor às ovelhas.

Como podemos ver, liderar a igreja de Cristo é uma luta atrás da outra, pois envolve sempre a necessidade de superação de obstáculos por menores que sejam. Falar de dificuldades na liderança pastoral, é reler a biografia de alguns líderes bíblicos que ao longo de sua caminhada, passaram por dificuldades defendendo seu ministério, superando obstáculos e isso não é exclusividade desses líderes, pois nos dias de hoje, muitos pastores enfrentam os mesmos fatores para que a igreja de Cristo sobreviva em meio à descrença do mundo.

As críticas direcionadas aos líderes de hoje, são o exemplo mais fácil que poderemos citar, mas veremos que algumas delas têm fundamento e outras nem tanto. Algumas são feitas para nos ferir e fazer desanimar, mas o mais importante é como alguns gostam de dizer, que se estão incomodando, é porque estou fazendo a coisa certa e o inimigo está furioso por isso. Este tipo de pensamento, resume que precisamos aprender a lidar com as críticas, sejam elas quais forem e não espiritualizar tudo, jogando a culpa no inimigo.

Por exemplo, ao examinarmos a vida de alguns dos grandes líderes da Bíblia, notaremos as dificuldades que eles tiveram e os obstáculos que enfrentaram. Moisés, o grande líder da nação hebraica recebeu duras críticas (Êx 15.24, 16.2, 17.3, Nm 16.41) e assim como nós, também teve seu momento de hesitação, como podemos ver quando foi chamado, disse ao próprio Deus em Êx 4.10: *"Então disse Moisés ao SENHOR: Ah, meu Senhor! eu não sou homem eloquente, nem de ontem nem de anteontem, nem ainda desde que tens falado ao teu servo; porque sou pesado de boca e pesado de língua"*.

Outro exemplo é o profeta Isaías: *"Então disse eu: Ai de mim! Pois estou perdido; porque sou um homem de lábios impuros, e habito no meio de um povo de impuros lábios; os meus olhos viram o Rei, o Senhor dos Exércitos";* (Is 6.5); Jr 1.6: *"Então disse eu: Ah, Senhor Deus! Eis que não sei falar; porque ainda sou um menino";* Gideão: *"E ele lhe disse: Ai, Senhor meu, com que livrarei a Israel? Eis que a minha família é a mais pobre em Manassés, e eu o menor na casa de meu pai"* (Jz 6.15).

Acrescentamos mais ainda o fato de Neemias ser caluniado chegando ao ponto de oferecerem suborno para falar mentiras em nome de Deus e prejudicá-lo (Ne 6.6,12-14). Exemplo disso também pode ser visto na vida do apóstolo Paulo quando escreveu sua primeira carta aos Coríntios, defendeu sua autoridade apostólica (1 Co 9.1-2) e em 2 Co 10.10 ele se defende da acusação de ser duro por carta e frouxo pessoalmente.

Cremos que esses exemplos sejam suficientes, pois outros ainda podem ser citados, no entanto, o que vale em tudo isso, é que se aprendermos a lidar com as críticas, as dificuldades, esses podem ser instrumentos para nosso crescimento. Salientando que como líderes, sempre encontraremos pessoas reclamando de alguma coisa ou mesmo nos criticando, ou ainda por esses se encontrarem insatisfeitos com alguma situação.

A Palavra de Deus nos ensina, em 2 Tm 3.12, que *"todos os que piamente querem viver em Cristo Jesus padecerão perseguições"* e como não é difícil encontrar pastores ou líderes que sejam comprometidos com a Palavra de Deus, esses poderão encontrar dificuldades, críticas, perseguições dentro da própria igreja.

Segunda Parte

Ser Líder

O que é um líder?

Iniciamos a segunda parte deste livro falando sobre o que é um líder e segundo definição do Dicionário Aurélio, líder é o "indivíduo que chefia, comanda e/ou orienta, em qualquer tipo de ação, empresa ou linha de ideias. Guia, chefe ou condutor que representa um grupo, uma corrente de opinião, etc.". Pelas definições apresentadas vemos que um líder deve possuir visão do futuro, pois ele é o referencial de um grupo, onde ele administra e busca a união desse grupo, para juntos alcançarem objetivos de interesses comuns.

No meio empresarial, o líder se destaca, pois é a pessoa mais importante dentro de uma empresa porque ele deve possuir a habilidade de dirigir as pessoas, fazendo a gestão pessoal, orientando a sua equipe, também como vimos, deve ser a primeira pessoa a motivar a equipe e trabalhar juntamente com ela, resolvendo ou mesmo tentando resolver os problemas, dando o melhor de si para o crescimento da empresa da qual presta serviço.

Além da capacidade para administrar equipes, é imperativo que todo líder defina objetivos para a organização, seja ela secular ou eclesiástica, comunicando a todos com a maior clareza possível, incentivando-as e fazendo com que as pessoas que compõem essa equipe, se identifiquem com esses mesmos ideais, pois se ela não conseguir incentivar e fazer que a equipe defenda essa ideia ou meta estipulada, essa pessoa pode ser um bom gestor, um bom chefe, mas não será um bom líder.

Se um líder não for capaz de transmitir com clareza uma mensagem aos seus liderados e motivá-los, então, qual é a importância desse líder ou mesmo da mensagem que ele não consegue transmitir com clareza? É certo que ninguém seguirá um líder que não sabe se expressar, não sabe o que ele deseja ou para onde vai.

A pior coisa que pode existir para uma instituição ou para qualquer liderado é ter um líder inseguro, porque a insegurança demonstrada é ruim para todos – instituição, liderados e para o próprio líder – porque quando se está em posição de liderança, somos o foco principal e qualquer falha apontada é maximizada pelas outras pessoas.

Do mesmo modo, se a pessoa tem visão do futuro, mas não sabe expressar junto aos seus subordinados, poderemos dizer que ele é um bom estrategista, mas não um bom líder.

Lembrando aqui que a pessoa desde o berço pode demonstrar qualidades que o farão um bom líder ou ainda, mesmo que a pessoa não tenha esse dom concedido por Deus, essa pessoa mesmo assim, pode ser um bom líder, mas necessitará adquirir o conhecimento necessário nessa área. No entanto, deve-se lembrar de que todo aprendizado, deve passar por um processo de experiência.

Podemos ainda dizer que o líder além de ser essa pessoa motivadora que sabe administrar, ouvir as pessoas, ter visão do mercado ou da tendência empresarial, ter um canal de boa comunicação com seus liderados, deve ser disciplinado e ainda ter a capacidade de inspirar sua equipe a ter confiança nele, pois a confiança deve ser à base de relacionamento com todos aqueles que participam da equipe.

Porque sem esses requisitos ou a maioria dele não estiver presente na vida do líder, certamente ninguém apostará em sua liderança e não desejará ser liderada por uma pessoa que falte requisitos, característica ou qualidade para ser um líder, ou onde é percebido a falta de preparo e autoconfiança, inclusive de obter o respeito da equipe. Mas, que características ou qualidades são essas que um líder deve ter?

Como mencionado, sabemos que algumas pessoas nascem com o dom de influenciar outras pessoas, com a capacidade de liderança, podendo inclusive ser percebido essa qualidade ainda nos primeiros anos de vida. Quando essa pessoa é bem orientada desde o início, enfatizando sempre o lado positivo e bom da pessoa, certamente ela, quando crescer, será uma pessoa íntegra, entusiasmada com a vida e com as pessoas, sabendo demonstrar firmeza em suas atitudes, decisões e ainda motivar as pessoas em várias áreas de sua vida. Provérbios 22.6 traz essa realidade nas seguintes palavras: *"Educa a criança no caminho em que deve andar; e até quando envelhecer não se desviará dele"*.

Além dos requisitos, habilidades, dom ou qualidades, seja o nome que utilizemos, podemos ainda acrescentar a esta lista, outras qualidades que um líder deve possuir, tais como ter iniciativa para tomar decisões sem ter medo de se expor; ser flexível sem ser frouxo, porque deverá se adaptar às mudanças constantes em seu ministério; ser uma pessoa determinada tendo senso de responsabilidade para defender suas convicções sem desprezar as outras pessoas; ser analítico, pois haverá momentos em que deverá ser utilizada a razão ao invés da emoção; ser um bom comunicador; estar disposto a ajudar e a ouvir o que Deus tem a dizer, a si mesmo e também o que os outros têm a dizer; possuir senso de justiça; ter credibilidade; bom humor para trazer leveza e tranquilidade em alguns momentos e ser manso ou sereno assim como Moisés o foi.

Entretanto, é bom salientar que os líderes não são iguais e todas as pessoas podem ser tornar bons líderes, desde que elas demonstrem sua capacidade natural de liderança e desenvolva seu potencial como líder. As pessoas se sentirão influenciadas, desejarão ouvir seu ponto de vista sobre determinado assunto, estar próximo de voce, quando demonstrar que voce realmente se preocupa com elas e as respeitam. Acredite que um dos maiores erros que um líder pode cometer, é confiar apenas em seus talentos.

Pode ter certeza de uma coisa: quando demonstramos essas qualidades, principalmente respeito pelos outros, independente a colocação em que ela se enquadra, estando elas em posição superior ou inferior à nossa e sempre os liderar segundo as expectativas, saiba que voce sempre terá seguidores e o respeito desses. Pois como já afirmamos, o respeito é uma das bases de toda liderança.

Sobre o serviço e as motivações de um líder

Falar sobre serviço e motivações de líder, para alguns é algo conflitante, pois podemos ainda encontrar pessoas que pensam que ser líder é ter a capacidade de estar à frente de um grupo, mandar, por algumas vezes, até satisfazendo vontades pessoais, mas isso não é nem de perto ser líder, mas ser chefe. Sobre a diferença existente em ser líder e chefe, falaremos um pouco mais adiante. Então, a motivação de ser líder eclesiástico, além de pregar o Evangelho de Cristo, é ter a oportunidade de servir ao próximo.

Servir pessoas é uma obrigação de todo líder e às vezes um privilégio. Citamos aquele que deve ser nosso exemplo maior em todos os momentos de nossas vidas que é Jesus Cristo. Jesus nos lembra disso nas palavras escritas em Mt 20.28 e Mc 10.45 que ele *"não veio para ser servido, mas para servir e dar a sua vida em resgate de muitos"*.

Essa passagem nos faz ver quais devem ser as motivações de um líder, pois o próprio Cristo nos aponta que ele não seguiu os padrões humanos para nos fazer crescer espiritualmente e nos ensina sobre o serviço no Reino de Deus. Jesus exemplificou tudo isso, servindo ao invés de ser servido, nos amando primeiramente ao invés de o amarmos, nos valorizando ao invés de ser valorizado, sendo o menor de todos, quando tem condições de ser o maior de todos, nos honrando ao invés de ser honrado.

Isto sem mencionar que a igreja como corpo de Cristo, deve seguir seus ensinamentos e ser neste mundo, uma instituição servidora que traz transformação na vida das pessoas, sendo sinal da presença do Reino de Deus na terra.

Achamos oportuno neste momento, citar ainda uma frase que complementará o que foi escrito acima, esta é uma frase dita por Martin Luther King Junior que disse "quem não vive para servir, não serve para viver".

Servir não é viver ou trabalhar como escravo, nem exercer funções de criado, muito menos é desempenhar uma tarefa desempenhada por pessoas de poucas habilidades, de pouca instrução ou mesmo que ocupa a posição mais baixa em uma escala hierárquica. Servir antes de tudo, é prestar serviços e atender alguém, é poder ajudar, auxiliar, ser útil, prestativo.

Ser útil, prestativo, auxiliador não é uma questão de posição ocupada, mas uma posição de atitude que todo líder deve possuir. Servir ainda é uma obrigação de todo verdadeiro cristão e consequentemente de todo ser humano, pois se o próprio filho de Deus, sendo Deus, nos diz que veio para servir e não para ser servido, porque nós, seres pecadores, imperfeitos ou como alguns costumam dizer, reles mortais devemos ser apenas servidos? O próprio ato de servir deve sempre ser motivado pelo amor e não por querer manipular alguém ou para se autopromover, de querer fazer as coisas de nossa maneira, devemos ouvir nossos liderados e servir as pessoas, assim como Jesus veio para servir. Devemos aprender a lição de humildade apresentada por Cristo, pois aquele que é o maior de todos que pisou neste planeta, sou o mais humilde de todos.

Infelizmente, o povo de Deus ainda não acordou para essa realidade e por esse motivo vemos que existem pessoas da qual recebem o título de ímpio que prestam ou dedicam suas vidas fazendo serviços solidários em diversas áreas, ajudando pessoas com recursos sem qualquer patrocínio religioso. Lembrando que as motivações desses ímpios, nem sempre tem a motivação correta, pois alguns têm como única motivação o abatimento no Imposto de Renda. Contudo, nós como povo de Deus, devemos nos perguntar e ver qual deve ser a nossa principal motivação ao servir ao próximo. Por que servimos? O que nos leva a servir, amparar e prestar solidariedade ao próximo?

Certamente, analisando friamente veremos que uma das motivações que o povo de Deus encontra ao servir ao próximo, é a necessidade, pois como já foi mencionado, servir é obrigação de todo bom cristão e servir é necessário porque a fé sem obras é morta, citando aqui Tg 2.26. Vale ainda dizer que aquele que serve ao próximo, está na realidade servindo a si mesmo.

Existe ainda o lado de que aquele que serve é movido por crer que possui a oportunidade de receber ganhos futuros. Seja esse um reconhecimento ou mesmo uma espécie de recompensa financeira ou não. Outros nessa situação visam através de obras, obterem salvação, pois assim lhes foi ensinado e por isso praticam a caridade. Estas motivações podem até parecer um pouco nobre, mas ressaltamos que essas motivações de modo algum são cristãs.

O modelo e as motivações bíblicas de servir, podem ser vistos na parábola do bom samaritano, pois ele serviu a quem mais necessitava, sem esperar recompensa alguma. Assim deve ser a igreja de Cristo e as motivações de servir de um líder. Servir havendo recompensa ou não, seja ela imediata ou futura. O líder deve ter como motivação de servir como se fizesse ao Senhor, deve servir por amor a Deus e ao próximo (1 Co 10.31).

Amor é a palavra-chave, amamos ao próximo porque Deus nos amou primeiro conforme está escrito em 1 Jo 4.19: *"Nós o amamos a ele porque ele nos amou primeiro"*. Sobre o amor, a Bíblia tem muito a nos ensinar e nós temos muito a aprender. É o amor que temos por Deus é que nos torna a sua imagem e semelhança. Através do amor obtemos a graça e misericórdia do Senhor, porque não somos dignos de receber nada de Deus e mesmo assim, pela sua divina graça e por sua misericórdia, Deus nos perdoa e nos abençoa e é por isso que devemos servir. Essa deve ser a principal motivação de qualquer líder.

No entanto, se como líder voce não tem o hábito de servir, a melhor maneira de mudar esse quadro é começar a servir. Comece fazendo aquela pequena diferença na vida das outras pessoas. Por tudo aquilo que foi escrito sobre servir, seja essa sua motivação; use seu intelecto, veja e faça uma lista mesmo que mentalmente, os aspectos positivos e negativos (se houver) de fazer diferença na vida das pessoas. Deixe o amor encher seu coração ao servir.

Se ainda não conseguir servir com amor, repita esses passos novamente e volte a servir mais e mais. Temos a certeza que após um tempo, ocupando-se em colocar os outros acima de si próprio e de seus desejos pessoais, cremos que após um curto período de tempo, haverá mudança em seu coração e voce se alegrará por isso. Como líderes, não devemos preocupar em servir apenas aqueles que podem futuramente nos trazer benefícios, pois a verdadeira recompensa está no fato de podermos servir aquele que nunca poderá nos recompensar o benefício dado a ele.

Ser chefe ou líder

Nesta etapa do estudo, veremos a diferença entre ser chefe e ser líder. Uma pessoa pode ser o chefe de uma empresa, de grupo de pessoas, porém ao mesmo tempo ser aquele que manda na empresa e não ser o líder desse grupo de pessoas. No entanto, podemos encontrar pessoas que pode ser o líder de uma empresa e grupo de pessoas, sem ser o chefe. Pode parecer contraditório, porém vale a pena lembrar que a liderança exercida, nada tem a ver com a posição hierárquica que a pessoa ocupa na empresa.

Pode até não parecer, mas instintivamente sabemos que existe uma diferença entre ser chefe de um grupo e ser líder desse mesmo grupo. Ser chefe é o papel mais fácil de desempenhar, porém ser líder, nem sempre é tão fácil como se pode imaginar. Para se ter uma ideia do que é ser chefe e líder, podemos fazer algumas comparações à título de esclarecimento.

O chefe normalmente decide o que se deve fazer, tendo em vista a sua posição de autoridade. No entanto, alguns chefes despertam nos membros de seu grupo mais temor do que confiança, principalmente quando se pede para fazer determinada tarefa e por algum motivo comete-se um erro.

Naturalmente, espera-se uma reprimenda de seu superior em nível hierárquico.

Em contrapartida, com o líder acontece um pouco diferente; apesar de ele também dispor de autoridade, ter também capacidade de decidir a atuação do grupo, devido a sua autoridade moral, ele exerce sobre o resto da equipe, confiança, mesmo que se cometa algum erro na tarefa designada. Os membros do grupo sabem que a frente de todo processo, se encontra o líder que veio acompanhando, orientando o grupo e quando a tarefa não é executada a contento, o líder e o grupo falharam, mas encontram-se motivados a corrigir a situação da melhor maneira possível.

Ser chefe nem sempre envolve muita experiência em se fazer e ou se ter o conhecimento aprofundado do que se pede para fazer. Isto pode ser traduzido naquilo que muitos chefes procuram disfarçar sua falta de conhecimento, dizendo que o chefe deve ter uma visão macro do processo, enquanto sua equipe tem uma visão micro, isto porque segundo dizem, o chefe vê além do que o grupo vê e acredita ser o melhor tanto para empresa como para o mercado e também para o grupo.

É fato que esta visão de ver mais longe do que os outros ou ver mais do que os outros ou mesmo ver antes dos outros, é uma característica não de um chefe, mas de um líder, pois um líder em diversas circunstâncias, mostram e demonstram essa aptidão de perceber detalhes ou mesmo ver as coisas como um todo que muitas vezes escapam de nossa visão.

Na empresa onde trabalhei por mais de 30 anos, tínhamos um ditado que diz: "aquele que sabe, faz; o que sabe mais ou menos, ensina e o que não sabe nada, manda". Infelizmente essa realidade pode ser vista em algumas empresas quando se tem pela frente um chefe radical. Aquele que faz ou sabe fazer, se questionar o que lhe foi pedido ou mandado, por não ser viável fazer tal tarefa da maneira que se pede, ou quando normalmente se usa o famoso recurso técnico, para não dizer "gambiarra"; a contragosto é feito porque como alguns citam: "manda quem pode e obedece quem tem juízo ou quem quer conservar o emprego".

Em contrapartida, o líder quando pede ao seu subordinado realizar uma tarefa, ao ser questionado porque não é a maneira correta de fazer, não usando o recurso técnico, por sua vez o líder ouvirá e juntos procurarão a solução mais adequada de se obter o resultado esperado para benefício de todos.

Outro tipo de chefe é aquele que "dá um tiro no próprio pé", devido algumas de suas atitudes poderem prejudicar a equipe e com um pouco de malabarismo, o chefe pode se safar ou mesmo minimizar a reprimenda para o seu lado, desviando a culpa para a equipe que realizou a tarefa. Esse é o famoso caso da corda que arrebenta sempre no lado mais fraco.

Outra diferença entre ser chefe e líder, está algumas vezes naquele chefe que assume as glórias do serviço bem feito e joga a culpa na equipe naquele serviço que não apresentou tão bons resultados como esperado. No entanto, isso pode não ser uma regra, pois encontramos chefes que dividem as glórias, entretanto, eles acabam exaltando apenas a sua capacidade de chefiar, tirando o crédito da equipe que realizou o bom serviço.

Como temos afirmado, para alguém se tornar um bom líder é necessário algum tempo, esforço e experiência. Dizemos algum tempo, pois um bom líder, dispensará algum tempo estudando técnicas de administrar. O bom líder eclesiástico não se aterá apenas nos métodos de administração que dão enfase apenas na questão espiritual, pois lhe será bastante útil aprender também a administração secular ou mundana como alguns costumam dizer. Fazer comparações é útil, pois podemos tirar o melhor do que a administração secular tem a oferecer e adaptar ou mesmo aplicar no meio eclesiástico.

É mais ou menos o que está escrito em 1 Ts 5.21: *"Examinai tudo. Retende o bem"* em outras versões podemos também ler: *"julgai todas as coisas, retende o que é bom"*. Apesar do contexto está se referindo no cuidado em não deixar as profecias apresentadas minimizar a Palavra de Deus, a pessoa deve examinar cuidadosamente a palavra proclamada. Ou seja, após julgar devemos reter o que é bom e evitar o que não for bom. É sobre esta aplicação que estamos no referindo, pois sabemos que alguns líderes eclesiástico tem a tendência de evitar tudo que é mundano, dizendo que o mundo nada tem a nos oferecer ou até mesmo dizendo que importa servir a Deus do que ao homem.

Apesar de utilizarem parte do texto, não respeitando a hermenêutica, esses líderes cai naquilo que Brunelli escreveu: "Para tudo em que se deseja acreditar, é possível encontrar na Bíblia algum respaldo. Basta fugir da regra básica da hermenêutica de que as Escrituras nelas mesmas se interpretam e da regra da relação entre o texto e o contexto[21]"

Não creio em tal radicalismo espiritualizado, é verdade que o mundo tem muito a nos oferecer e muita coisa boa, porém, para nossa salvação, realmente ele nada tem a nos oferecer. Por este motivo, defendemos que podemos tirar proveito de conceitos de administração secular e empregar no meio eclesiástico para torná-lo mais eficaz.

Ser chefe nem sempre envolve trilhar o caminho conforme é exigido pela lei e pela consciência, porque o chefe prioriza duas coisas: a empresa que lhe pertence e o retorno que obterá, nem sempre visando o benefício de todos, apesar de todos estarem no mesmo barco. Já para ser líder, envolve também escolher o caminho correto que algumas vezes podem não ser o caminho mais seguro de se trilhar, entretanto, ser líder é ter consciência que se tomará a melhor decisão para a empresa ou para a igreja e não para si próprio.

Sabemos que na administração secular, a maioria das vezes, o poder é determinado pela formação educacional, pela

---

[21] BRUNELLI, Walter, Teologia para pentecostais – Uma teologia sistemática expandida, volume 3, Editora Central Gospel, Rio de Janeiro, 2016, pág. 310

influência em se falar mais de uma língua, pela retórica, aparência, habilidade de se lidar com as situações, capacidade de se impor, conhecimento e relacionamento pessoal. Contudo, na administração espiritual, as qualidades acima citadas, quase nem sempre é um pré-requisito, pois o poder deve ser e é determinado pela unção e autoridade de Deus.

Traduzindo em outras palavras, na administração secular, a seleção de líderes normalmente é feita em fatores como habilidade e educação recebida, porém na administração espiritual, a seleção de líderes é feita quase que exclusivamente baseando-se na unção, no chamado e na revelação da vontade de Deus.

Tudo isso que foi apresentado neste tópico, pode ser resumido em uma historinha da qual o dono de determinada empresa, vai promover um funcionário, porém, ele tem dois candidatos, um funcionário antigo que lhe é fiel, que sempre demonstrou prontidão em realizar suas tarefas com a melhor destreza possível, que não reclama do que lhe é pedido e que aguarda ansiosamente por essa promoção; o outro funcionário com pouco tempo de empresa, é alguém mais dinâmico, com diplomas, cheio de ideias, porém muito questionador e demonstrando quase sempre insatisfação em quase tudo.

Em circunstâncias normais, a melhor opção que o chefe adotaraia, seria escolher o velho e leal amigo de todos os momentos do que o novato questionador, insatisfeito e problemático. Porém, o líder como dito anteriormente, a ele cabe escolher o caminho correto que nem sempre é o melhor para si e a melhor decisão para a empresa é primeiramente avaliar todas as alternativas, caso se perca os talentos demonstrado pelo novato, ou seja, a empresa poderá passar por perdas. Assim, todas as alternativas possíveis para retê-lo na empresa, deve ser considerada e explorada.

O detalhe da historinha que deixei por último, é que o dono da empresa pediu ao amigo para fazer um café da manhã para os funcionários, pedindo para ir ao supermercado próximo da empresa para comprar, melancia, abacaxi, morango, além de pães, biscoitos e alguns itens frios. Esse funcionário antigo, voltou e comunicou ao dono que naquele supermercado não tinha morango nem abacaxi, ficando o restante da compra com determinado valor e se ele poderia confirmar a compra, cedendo dois funcionários para trazer as compras.

O mesmo foi pedido para o novato insatisfeito. Ele retorna comunicando que não tinha morango e abacaxi, porém ele negociou com o gerente a substituição por bananas, peras, maças, um desconto de cinco por cento, caso o pagamento fosse realizado com cartão de débito, 15 por cento se fosse com dinheiro e entrega no horário a ser estipulado como cortesia do supermercado.

Sendo esse fato, a escolha correta foi escolher e investir no novato, preferindo lidar com a insatisfação do amigo e funcionário antigo, além da incompreensão do resto da equipe que não ficou sabendo do teste realizado.

Assim, vimos que as decisões tomadas por um líder nem sempre é fácil e pode ser mais complicado do que muitos imaginam.

Unção para liderar e para sonhar

Cremos que seja da vontade de Deus que todos os líderes eclesiásticos causem impacto no mundo para o Reino de Deus. Mas para isso, é importante se perguntar como poderemos ser esse tipo de líder que Deus anseia? Naturalmente, podemos ter em mente que possuir conhecimento específico na área de atuação, ajuda; no entanto, percebemos que existem outras qualificações como educação recebida, experiência pode e ajuda a pessoa a se tornar um líder vitorioso, contudo, em se tratando de líder eclesiástico, o mais importante deve ser a unção de Deus sobre a sua vida.

Unção segundo os dicionários, é o ato ou efeito de ungir, doçura de expressão que comove e maneira insinuante de dizer, porém a melhor definição que encontramos para unção no contexto que desejamos apresentar, é descrito por Erickson: "Do grego chrisma, de chrio, passar óleo. Em sentido estrito, refere-se à ação de ungir ou untar, especialmente com óleo (v. Êx 30.25). Em 1 João 2.20, refere-se ao derramamento ou comunicação especial do Espírito Santo. Entre os evangélicos, usa-se a palavra para indicar poder sobrenatural, autoridade espiritual"[22].

Unção significa ainda dedicar ou consagrar alguém ou algo, utilizando azeite que segundo alguns estudiosos, o azeite é um símbolo do Espírito Santo e nesse sentido diremos que o mais importante para os líderes eclesiásticos deve ser a unção do Espírito Santo, pois sem a unção de Deus em nossas vidas, poderemos ser líderes, saber resolver os problemas, sermos organizados, mas espiritualmente falando, não conseguiremos evangelizar eficazmente.

Evangelizar, ganhar almas para Cristo como se costuma dizer é o maior sonho que todo verdadeiro líder eclesiástico possui. No entanto, não é difícil encontrarmos pregadores, ou mesmo cantores e ministros de adoração, utilizando jargões de forma mundana para comoverem as pessoas, falando sobre conquistas, sobre as adversidades, vitórias extraordinárias, reconstrução de sonhos que havíamos perdido as esperanças.

Essas são alguns tipos de palavras que todos desejamos ouvir, vitórias, milagres e mais vitórias. Isso atrai multidões,

---

[22] ERICKSON, Millard J., Dicionário Popular de Teologia, Editora Mundo Cristão, São Paulo, 2011, pág. 202

afinal de contas, quem não gostaria de realizar todos os seus desejos? Apesar de a Bíblia Sagrada trazer exemplos de pessoas que tiveram sucesso em realizar seus sonhos, ela também traz exemplos de sonhos que não se realizaram porque as pessoas não estavam sonhando o sonho de acordo com a vontade de Deus.

E todo aquele que possui a unção de Deus, principalmente quando se é o líder do ministério, sente uma pontada de decepção em seu coração, ao presenciar palavras contidas na Bíblia totalmente fora do contexto, sendo utilizada mais para atrair pessoas e arrecadar dinheiro. É fato de que Deus tem prazer em gerar sonhos nos corações dos seus filhos, principalmente no coração dos líderes de igreja, mas para que isso possa acontecer, é necessário muitas vezes como líderes, devemos abrir mãos de alguns sonhos nossos.

A Bíblia nos mostra que devemos abrir mãos de alguns sonhos, nas palavras ditas por Jesus Cristo em Lc 9.23: "*E dizia a todos: Se alguém quer vir após mim, negue-se a si mesmo, e tome cada dia a sua cruz, e siga-me*" Isso me trouxe a memória a letra da música da Banda Voz da Verdade intitulada "Sonhos" que diz: "Deus sonhe os meus sonhos,/ Deus cuida de mim /

Deus me leve em teus braços, / me faz voar até o fim. / O sol brilhará muito mais amanhã / o sonho se realizará / pois Deus sonhou os meus sonhos / e em paz eu vou chegar / este projeto real há de ser / pois meu Deus é fiel / sonhos em vida se tornarão / foi Deus quem me prometeu / Sonhe os sonhos de Deus, / pois reais eles são / sonhos que tornam em vida / a palavra de Deus / sonhos que não ficam nos sonhos, / esta promessa é real / a cada dia se cumprem / para os filhos de Deus".

É maravilhoso quando podemos sonhar os sonhos de Deus, pois quando sonhamos os nossos sonhos, estamos centrados em nós mesmos e como vimos, nenhum líder deve buscar apenas a realização de si próprio, portanto, abra mão de alguns sonhos seus e busque sonhar os sonhos de Deus para você. Por este motivo, é muito importante à unção para liderar e para sonhar.

Quem pode e o que é ser um bom líder?

Estas duas perguntas resumem tudo aquilo que foi escrito antes, no entanto, é didático reafirmar alguns pontos para nosso aprendizado. Por este motivo, reunimos e resumimos em poucas linhas as respostas mais interessantes apresentadas por pessoas que se propuseram me auxiliar com seus conhecimentos, da qual chamaremos de cooperadores, mesmo aqueles que pediram para ficar no anonimato.

Iniciaremos com a pergunta: o que é ser um bom líder? Segundo resposta de um amigo, colega de trabalho e administrador de empresa, que ao longo de tempo de convivência, de certa maneira serviu de exemplo para mim; em poucas palavras disse que para ser um bom líder, a pessoa deve ser estratégica, possuir relacionamentos em todo nível empresarial, seja uma pessoa que inspire, não seja muito emotiva, racional que consiga avaliar e combinar os lucros esperados que saiba proporcionar o bem-estar dos colaboradores a uma participação social significativa. (Paulo Arlindo Magalhães)

Para outro grande amigo, o pastor Samuel Barboza Vieira disse que a pessoa para ser um líder, ela tem de ser um referencial para as outras pessoas na qual se possa depositar confiança e se espelhar em sua conduta moral. É alguém que saiba se adaptar as situações de adversidade, não seja retrógrado, nem liberal demais; saiba cobrar da sua equipe, mas também é aquele mais próximo dos liderados, que conheça como eles se comportam, o que sentem, almejam e como eles realmente são de coração.

Este é o tipo de líder experiente, pois antes mesmo de liderar, ele escuta, aprende, conhece mesmo que superficialmente as pessoas, descobre suas aspirações, inspirações, sonhos e esperanças antes de lidera-las. Já o líder inexperiente, é aquele que rapidamente quer liderar antes de saber qualquer coisa sobre as pessoas que ele liderará.

Para outras pessoas, para ser um bom líder basta saber desenvolver nas outras pessoas o espírito de liderança que as motive se tornem líderes, dando o melhor de si em benefício de outros, seja ético nas suas decisões, tenha postura cooperativa e colaborativa.

Em minha opinião, para uma pessoa ser um bom líder, dependerá de diversos fatores além desses apresentados. Inicialmente, deve inspirar as pessoas realizarem seus propósitos profissionais e religiosos em concordância com os objetivos traçados tanto pela empresa que presta serviço, como para a igreja a qual congrega. Ser um bom líder é saber estar ao lado da sua equipe, é saber motivar as pessoas a abraçarem o seu projeto, esquecer o eu, e colocar o nós à frente, pois ninguém é uma ilha e autossuficiente para realizar todas as coisas sozinho ou receber todo o crédito.

É ainda saber escutar, admitir o seu erro, bem como compartilhar os acertos, é também ter humildade, pedindo ajuda para solucionar algum problema, é ser aquela pessoa que está sempre pronto para o trabalho, que sirva com paixão, sempre ajudando as pessoas e a igreja a crescerem simultaneamente. O verdadeiro líder é aquela pessoa que é o exemplo para as outras pessoas. O principal segredo de um bom líder, é inspirar as pessoas pelo exemplo e não pela posição ocupada, nem pela imposição, ser um modelo a ser seguido pela equipe. Lembrando que o exemplo está diretamente relacionado com nossas ações, palavras e pensamentos.

Para a pessoa ser um bom líder, ela precisa da unção do Espírito Santo para saber servir com satisfação e ter esses valores de liderança; acima de tudo, o verdadeiro líder não precisa de uma equipe para ser um bom líder; ele precisa servir, de trabalhar com vigilância e orar. Como afirmamos, ninguém é uma ilha e por este motivo, que como seres humanos, precisamos da presença de Deus em nossas vidas, mas também precisamos de relacionamentos, precisamos de pessoas e das pessoas.

Dito estas palavras, passaremos para a outra pergunta: quem pode ser um líder? Poderíamos em resposta a esta pergunta, responder simplesmente que todos podem ser um líder, porque acredito que todos nós temos o potencial e podemos desenvolver habilidades de liderança. Mas, ser líder não é uma tarefa fácil, pois depende de vários fatores, qualidades, conhecimento para assumir essa posição. Contudo, o mais importante não é voce ter ou procurar ser o melhor em todos os aspectos, mas de voce tentar buscar o máximo possível das virtudes de um líder, priorizando sempre ser uma pessoa melhor.

Os verdadeiros líderes pelo que vemos na história, surgiram naturalmente devido seu exemplo de vida e não porque foi escolhido para ser líder. Isso com exceção daqueles da qual Deus tinha o propósito definido para seu povo. No entanto, seja qual for o caso, os líderes não eram ermitões. Todo líder nasceu do convívio entre pessoas, transformando o ambiente em que estava em um ambiente de aprendizado, compartilhando o que sabem e a mensagem que receberam.

Todos ser humano tem o potencial de liderar, a diferença é que alguns desenvolveram essa capacidade, enquanto outros não e para potencializar nossa liderança, devemos sempre que possível dar retorno, o tão chamado feedback, saber respeitar os nossos liderados, desafiando a equipe a pensar, investindo, tendo empatia e trabalhando com a equipe.

Mesmo as empresas seculares reconhecem essas atitudes em uma pessoa, pois se eles colocassem alguém na posição de líder, onde as outras pessoas não o respeitem e não o veem como tal, certamente encontraria resistência em sua liderança, podendo assim, prejudicar inclusive os objetivos da empresa.

É fato que um bom líder sabe valorizar sua equipe e procura sempre promover o autodesenvolvimento de todos. Para isso, é sempre necessário saber avaliar o desempenho de seus liderados, chamando a atenção e corrigindo quando necessário, ressaltando onde precisa ser melhorado. Para isso, deve-se levar em conta um princípio que deve ser utilizado não apenas pelos líderes, mas por todos nós, especialmente por nós cristãos, que é a questão do respeito as pessoas, independentemente da posição que ocupe no grupo.

A partir do respeito demonstrado e recebido, desenvolve-se um relacionamento de confiança mútuo. Esse relacionamento de confiança é fundamental, pois como poderemos liderar tranquilamente um grupo, onde cada um quer pisar no pescoço do outro, puxando o tapete para ter uma oportunidade de sobressair sobre os demais?

Em um ambiente onde podemos confiar no trabalho das pessoas e onde a competitividade acirrada pelo poder não está em evidência, é um ambiente onde temos a capacidade de propiciar maior liberdade nas atividades com autonomia e onde a equipe não se sente reprimida em apresentar ou mesmo contribuir com novas ideias por receio do líder. Por este motivo, é sempre bom desafiar nossa equipe a pensar.

Pensar, envolve tomar decisões, estimula o pensamento crítico e analítico e faz ainda com que todos se sintam parte importante do grupo à qual pertence. Ser reconhecido seja em qualquer área que for, é uma necessidade que o ser humano tem para encontrar aí, estímulo necessário, aumentando assim, seu compromisso com suas tarefas, com a equipe, resultando em menor estresse com todas as questões que lhe forem apresentadas.

O reconhecimento devido às pessoas, é uma forma de recompensar pelo bom desempenho das tarefas, reconhecendo os talentos, muitas vezes adormecidos, onde se cria também um ambiente propício para o bem-estar de todos. Reconhecer os serviços prestados, é conhecer quem trabalha com voce, é saber reconhecer os talentos que cada um possui e ter a chance de despertar esses talentos para o desenvolvimento de melhoria, inclusive pessoais.

Para desenvolver esses talentos inatos, deve-se fazer uso de uma ferramenta, nem sempre utilizada na sua totalidade, que é delegar tarefas compatíveis com o talento de cada um, de modo que cada um possa produzir os melhores resultados. Isto nada mais é do que investimento em sua equipe, pois um líder deve valorizar o potencial de cada um, porque como já afirmamos anteriormente, ninguém é uma ilha e autossuficiente o bastante para não depender de outra pessoa. Lembre-se que um líder jamais trabalha sozinho e o sucesso que ele apresenta, é também o sucesso de toda a sua equipe.

Além de tudo isso que foi escrito, um líder deve ter também empatia, trabalhar com sua equipe, orientando na realização das tarefas, mostrando que ele não é apenas uma pessoa que manda e desmanda, pois isto é ser chefe e nunca um líder. Os líderes de um modo geral, além de ter empatia pelos outros, devem procurar desenvolver em si mesmo, a habilidade de procurar ver o melhor da pessoa e desconsiderar o pior, apontando o caminho correto a ser seguido.

As pessoas não seguem outras pessoas simplesmente por acaso, elas gostam, seguem e respeitam as pessoas que se encontram em posição de liderança, quando essas se interessam verdadeiramente por elas e procuram extrair o melhor que elas podem dar. No entanto, se voce é um líder que dá ênfase naquilo que seus liderados podem acrescentar, ao invés de ser aquele que quer apenas extrair para obter algo delas, com certeza, esses liderados o respeitarão e procurarão seguir o seu exemplo.

Isto é verdade, pois o exemplo passa a ser exemplo e o bom exemplo sempre é seguido, apesar da instalação do pecado em nosso mundo. Mesmo aquelas pessoas que demonstrem ser menos preparados, seguem o exemplo daquele mais capacitado. O que estamos tentando dizer, é que as pessoas a quem voce lidera, podem duvidar de suas palavras, contudo, eles acreditam no que voce faz como líder. Neste mundo, mesmo com a instalação do pecado, nada é mais eficiente do que o bom exemplo e um bom conselho. Essa é a lei da atração, líder costuma atrair líder e exemplo é liderança. Geralmente os seguidores são atraídos por pessoas que ocupam a posição de liderança melhores que elas mesmas.

Eventualmente, poderemos ver líderes mais fortes seguirem líderes mais fracos, mas isso é questão de tempo e o mais forte formará sua própria liderança; a menos que o líder mais forte o segue por causa da hierarquia ou por respeito ao trabalho do líder mais fraco. Em geral, as pessoas seguem o líder mais forte, mas quando suas expectativas não são atendidas, elas deixam ou grupo e procuram seus próprios interesses ou aquele que possa valorizá-la, pois quanto maior a capacidade de liderança que a pessoa tem, ela reconhecerá a liderança da outra pessoa ou mesmo a falta dela.

Entretanto, se voce é aquela pessoa que não consegue valorizar as outras pessoas ou mesmo, a equipe que voce lidera como deveriam ser valorizadas, sugerimos tirar o foco de si mesmo e desenvolver o verdadeiro amor por essas pessoas. A autovalorização é prejudicial a qualquer liderança, principalmente quando temos disponível uma equipe talentosa. Quando essa equipe deixa de cumprir suas metas ou não alcançam sucesso, devemos repensar a nossa liderança.

Todas estas qualificações, nada são se não houver a unção de Deus, capacitando-nos na liderança. A unção de Deus para administrar será mais importante do que qualquer talento, não menosprezando aqui o treinamento e a experiência, mas devemos ter em mente que para administrar um ministério, devemos primeiro saber administrar a nós mesmos.

Devemos aprender a liderar nossos desejos e sermos como servos. Servir é o ponto fundamental que separa o serviço cristão do serviço secular. Todo líder deve antes de liderar, saber servir e servir com humildade àqueles a quem lideramos.

A importância de treinar futuros líderes?

Assim como as empresas seculares reconhecem o funcionário que tem potencial de tornar-se um líder, assim também as igrejas devem ter a mesma preocupação, porque em decorrência do crescimento de igrejas, que é percebido a olho nu; sendo a maioria das vezes, igrejas independentes que adotam um determinado modelo pastoral ou mesmo se adapta a vários modelos tirados de uma igreja e outra, também se pode notar essa diversidade de liderança, bem como o desejo de servir a si próprio e também ao próximo.

Biblicamente falando, o modelo pastoral resumia-se em cuidar, orientar e mostrar o caminho aos novos convertidos, cuidar dos excluídos socialmente, bem como daqueles que necessitavam de cuidados, principalmente de cuidados espirituais. No entanto, nos dias de hoje encontramos uma inversão de valores, pois podemos constatar que muitos priorizam o ministério pessoal ao invés do ministério pastoral, ou seja, colocam suas prioridades em primeiro lugar e depois encaixam em sua agenda pessoal, os afazeres do ministério pastoral. É triste, mas esta vem sendo a realidade apresentada.

Temos conhecimento de pessoas que iniciam seu ministério cheio de motivações bíblicas, desejando servir a Deus, ao próximo, "ganhando almas" para Jesus, pessoas cheias de unção que em algum momento de seu ministério, vem substituindo esses valores por outros não tão nobres. A vocação de pastorear as ovelhas, é substituída pela maioria das vezes pela emoção; o desejo de servir a Deus e ao próximo, torna-se um desejo egoísta querendo servir a si mesmo, não raro, usando até pessoas para obter resultados mais rápidos.

A alegria inicial pelo ministério, dá lugar à tristeza e o ministério agora passa a ser um fardo a ser carregado ou mesmo suportado. Não há mais aquela alegria contagiante, apenas momentos de felicidade. Esse triste quadro tem demonstrado que muitas ovelhas, apesar de crerem nas verdades bíblicas, procurarem seguir seus ensinamentos, procurarem ter um relacionamento com o bom pastor que é Jesus Cristo, na realidade encontram-se sem pastores terrenos que possam lhe conduzir nessa jornada.

Devido a isso é que podemos dizer que a pratica pastoral nos dias de hoje, não tem cumprido o seu papel e tem deixado a desejar. Porém, esse triste quadro pode ser revertido, porque

Deus nos deu inteligência e orientações práticas de administração ao longo das páginas bíblicas. Também, é prudente não descartar práticas de administração seculares que ao longo do tempo, tem apresentado bons resultados. Assim como as empresas investem em selecionar e treinar líderes, é imperativo que as igrejas nos dias de hoje também façam esse mesmo investimento.

É certo que todo investimento tem seus resultados e riscos, mas em se tratando de igreja, os resultados serão mais compensadores do que os riscos. Mesmo que sua igreja esteja passando por bons momentos e corra de acordo com o esperado, é bom investir nas pessoas, pois sem elas, não existe igreja. Quando mais voce investir nas pessoas, maior será o retorno e no mínimo, o retorno será proporcional à sua dedicação.

A pergunta correta seria por que um líder ao invés de por que mais um líder? Em resposta diremos que um líder tem como atribuição tomar iniciativas, propor projetos e metas, garantir que as tarefas sejam realizadas, entre outras coisas, porém, o mais importante é que toda igreja precisa de alguém que seja o responsável pelo bom desempenho dos muitos ministérios existentes e voce sozinho, trará apenas acumulo de tarefas, não poderá dedicar naquilo que realmente deveria ocupar a sua lista de prioridades. Veja o exemplo dos apóstolos quando decidiram constituir pessoas para realizarem tarefas, permitindo assim que eles se dedicassem a oração e à Palavra:

"E os doze, convocando a multidão dos discípulos, disseram: Não é razoável que nós deixemos a palavra de Deus e sirvamos às mesas. Escolhei, pois, irmãos, dentre vós, sete homens de boa reputação, cheios do Espírito Santo e de sabedoria, aos quais constituamos sobre este importante negócio. Mas nós perseveraremos na oração e no ministério da palavra" (At 6.2-4).

Acreditamos não ser necessário dizer que a passagem apresentada, demonstra a importância do motivo da qual toda igreja deve se ocupar em treinar líderes. Somado a isso, também diremos que o próprio Senhor Jesus deu exemplo disso quando chamou os discípulos e os treinou durante todo o seu ministério terreno. O fato é que por mais de uma vez, Jesus demonstrou essa preocupação em treinar líderes. Conjecturamos dizendo que o motivo principal era porque ele via que assim como hoje, muitas pessoas sabem o que fazer, no entanto, a grande maioria dessas pessoas, não sabe como fazer.

Por este motivo, é importante que as igrejas se preocupem em selecionar líderes, primeiro porque Jesus assim o fez e segundo porque sabemos que existe dentro de cada um de nós, um líder a ser despertado que está aguardando apenas o momento oportuno para sair da hibernação. Apesar de existir um líder dentro de cada um de nós, sabemos que muitos preferem ficar em sua zona de conforto, evitando assim, aquilo que eles chamam de desgaste ou pagar o preço, pois eles sabem que a liderança cristã necessita de tempo e dedicação. A dedicação é uma tarefa a se fazer todos os dias, que tem o potencial de nos preparar para aquele momento, independente da meta que temos. Esta é a diferença entre grandes líderes e bons líderes

Para que possamos sair da hibernação, despertando o potencial desse líder que existe em todo cristão e mesmo não cristão, devemos mudar nossa maneira de pensar de que se tem alguém que o faça, deixe que quando precisar, eu farei. Essas pessoas se esquecem de que para isso, exigirá um tempo de preparação, mas muitos preferem contar apenas com a capacitação do Espírito Santo ao invés de ir à luta.

Deus nos deu inteligência, no entanto, isso não é motivo para escondermos nossa preguiça, incapacidade e ou incompetência, esperando que o Espírito Santo resolva tudo para nós. Tenho sempre repetido para diversas pessoas que naquilo que o homem pode realizar; Deus não moverá uma palha, mas naquilo que não é possível o homem realizar, Deus moverá os céus e a terra. Cito como exemplo a passagem escrita no livro de Êxodo, quando o povo de Israel viu que faraó e seu exército vinham atrás deles e eles clamaram ao Senhor (Êx 14.10). Em resposta, Deus diz a Moisés: *"Por que clamas a mim? Dize aos filhos de Israel que marchem"* (Êx 14.15).

Sabe o que isto quer dizer? Deus dizia a toda Israel que marchar era com eles, dar o livramento e abrir o mar era com Ele. Infelizmente grande parte do povo de Deus hoje, não quer se preparar, eles jogam sua incompetência em cima de Deus e querem que o Espírito Santo os capacite.

Apesar de o assunto versar sobre o pregador apresentar uma mensagem à igreja, de certa forma, podemos aplicar ao referido acima. Em suas palavras, o autor diz:

> Não pense o pregador que é infalível. Ele é homem cheio de limitações. Deus pode confiar a um inculto o tesouro

precioso de sua graça e a mensagem de salvação e vida. O pregador, consequentemente, está sujeito a fraquezas e às críticas dos ouvintes. precisa ele ter consciência de que possui defeitos. Corrija-se, procure melhorar, dedique-se aos estudos seculares, teológicos, homiléticos; aplique-se à oração e consagração; se possível, jejue, busque a plenitude do Espírito Santo e não desista; não desanime e terá vitória![23]

Neste sentido, basta dizer que devemos aprender algumas atitudes com os ímpios que quando querem alguma coisa, sacrificam o lazer, deixando de assistir televisão, passear, privam-se de algumas horas de sono, estudam, procuram literaturas para se prepararem melhor e tem o foco em atingir seus objetivos.

É de responsabilidade de a igreja reconhecer os talentos que se encontram dentro dela, separar essas pessoas, instruindo, treinando, oferecendo oportunidade deles liderarem em pequenas tarefas, avaliando, incentivando, criando expectativas ministeriais, se essa for a vontade de Deus.

Dizemos criando expectativas, pois não podemos dar expectativas, porque pode existir o caso de exclusão da parte da

---

[23] DANTAS, Anísio Batista – Como preparar sermões – Dominando a arte de expor a Palavra de Deus, Casas Publicadoras das Assembleias de Deus, 4ª Edição, Rio de Janeiro, 1997, pág. 36

igreja ou da própria pessoa que não quer ser líder. No entanto, é sugerido que a igreja faça como fazia a igreja primitiva, buscar discernimento através da oração.

O que esperamos de um líder?

A resposta desta pergunta, de uma maneira sutil, revela o anseio que cada pessoa deseja e quer para si mesmo, pois ela costuma projetar os seus anseios na pessoa que possa ser uma referência que seja competente naquilo que faz.

Para aqueles que são mais sonhadores, esperam que o líder seja uma espécie de super-homem ou mesmo qualquer outro super-herói de sua preferência, imune a tudo, mas se esquecem de que mesmo o super-homem que realizam feitos extraordinários é vulnerável a kryptonita e mesmos os mais poderosos heróis, tem a sua fraqueza.

O que normalmente me vem à mente é que o líder super-herói, é aquele líder que aplica as técnicas de administração, com conhecimento sobre determinado assunto ou vários assuntos, alguém com habilidade e competência, que sabe o que faz, gerando resultados desejados. Já o líder super-herói que realiza feitos inimagináveis ou descritos nas histórias em quadrinho, esse tipo de líder não existe. Não existe porque liderança não combina com fantasias.

Liderar é buscar o equilíbrio para não haver conflitos graves entre os liderados, pois sabemos que conflitos sempre existirão, porque somos seres humanos, cada qual com suas atitudes e manias. Portanto, liderar é gerenciar a motivação da equipe, fazendo que ela contribua harmoniosamente com as tarefas.

Liderar é ser exemplo, pois vemos que muitos não praticam o que pregam e parece que não se importam com suas más atitudes, mesmo sabendo que sendo referência, são observados mesmo para aqueles cujos olhos, procuram nada enxergar ou façam vista grossa. O líder é a pessoa que está mais em destaque em uma equipe, por isto, deve ser um exemplo a ser seguido depois de Jesus Cristo.

Dissemos que todos tem o potencial de liderar, porém o líder que se destaca é aquele que apresenta o perfil comunicativo, carismático, com boa eloquência ao falar, persuasivo nas palavras e utiliza esses talentos dado por Deus para o bem do grupo, porém, esses talentos nada são se comparados à sua conduta e caráter. De que vale um líder com esses atributos se não tem caráter e sua conduta é questionável?

Liderar é ainda gerenciar vaidades, egos. Não estamos nos referindo apenas as nossas próprias vaidades e ego, mas a vaidades e egos da equipe. O que esperamos de um líder, é que ele seja um bom professor, que esteja sempre pronto a aprender mais e repassar conhecimento. Para isso, espera-se que ele envolva as pessoas da equipe, em torno de um objetivo e para que esse objetivo seja alcançado, precisa de conhecer o talento que cada membro da equipe possui e saber utilizá-lo da melhor maneira possível.

Também é esperado que o líder seja coerente com aquilo que fala e no comportamento que ele demonstra tanto em público como na vida particular, que conheça suas fraquezas e limitações bem como a do grupo que lidera. Onde há coerência, desenvolve-se a confiança e onde há confiança, há harmonia de pensamentos, mesmo que essa liderança encontre algumas resistências.

É neste clima de confiança e harmonia de pensamentos que a liderança deve prestar maior atenção, porque mesmo que alguns neguem, a maioria de nós deseja sempre saber se estão tendo um bom desempenho. Prestar atenção, orientar, não recusando novas ideias, é ainda um modo de demonstrar a importância de cada um dentro daquela equipe. Assim como costumamos buscar o equilíbrio entre nossas relações profissionais, religiosas, familiar e amorosas, o verdadeiro líder, deve se preocupar com os resultados e com as pessoas.

A diferença que existe entre um líder bem-sucedido e um líder mal-sucedido, é que o líder bem-sucedido é aquele que apesar de conhecer suas fraquezas e limitações, também conhece a fraqueza e limitação de cada membro de seu grupo, ele consegue atingir os resultados esperados, vencendo e superando as fraquezas e limitações, deixando que todos da equipe, sintam que são importantes dentro do contexto, que suas ideias e pensamentos são valorizados pelos outros membros da equipe.

Uma equipe, mesmo que tenha coerência nos métodos adotados pelo líder, mas não alcança os objetivos propostos, é uma equipe mal liderada, porque a liderança é um fator que determina o sucesso da equipe, pois cabe ao líder definir quais são as melhores soluções.

Liderar é antes de tudo, fazer o que tem que ser feito da melhor maneira, visando e respeitando os limites de todos. Fazer o que deve ser feito, é fazer com conhecimento e experiência que se adquire ao longo do desempenho de uma liderança.

Ao analisarmos friamente a situação, veremos que os líderes são muitos bons em tomar decisões e resolver problemas, devido ao fato deles não temerem enfrentar os problemas de frente, ir diretamente ao cerne do assunto a ser tratado, evitando assim, dar rodeios em torno da questão e desgaste desnecessário.

Assim como ocorreu com os apóstolos, os líderes não devem se desgastar, antes, devem manter o foco em seu ministério, deve investir em relacionamento, pois o sucesso de um líder depende do sucesso dos outros.

Investir em relacionamento é saber reconhecer os esforços dispensados pelos liderados, sem se importar com o resultado alcançado pela equipe. É certo que quando se alcança os resultados esperados, é inspirador e revigorante, porém, não se deve esquecer que o trabalho foi da equipe e juntos, todos alcançaram os objetivos traçados.

Depois de alcançado os objetivos, feito o reconhecimento e recompensando a equipe pela tarefa realizada, é hora de partir para novas metas, pois a liderança não finaliza com os objetivos alcançados e sempre temos um desafio a mais a vencer. Uma vez alguém me disse que os líderes amam liderar por causa do impacto que eles podem criar nas outras pessoas, extraindo o melhor que existe dentro de cada um de nós.

Como ser líder com qualidade que inspira e motiva

No decorrer desta obra, temos falado muito sobre o líder que inspira, motiva, orienta, elogia, critica, realiza. Também apresentamos uma definição de liderança, dizendo que liderança é a capacidade que a pessoa tem em inspirar; motivar pessoas para atingirem objetivos em comum. Temos ainda mencionado a preocupação que cada líder deve ter em conhecer seus liderados para manter a harmonia entre a equipe e consequentemente, melhorando a qualidade no relacionamento.

Falar sobre qualidade é falar sobre algo abstrato, no entanto, temos a seguinte definição para esta palavra: "Propriedade, atributo ou condição das coisas ou das pessoas capaz de distingui-las das outras e de lhes determinar a natureza. Numa escala de valores, qualidade que permite avaliar e, consequentemente, aprovar, aceitar ou recusar, qualquer coisa: Disposição moral ou intelectual das pessoas: Dote, dom, virtude: Condição, posição, função" (Dicionário Aurélio).

Com esta definição, surgem diversas perguntas tais como: por que falar sobre qualidade? Como inspirar as pessoas? Como motivá-las a buscar os objetivos? Como dar condição de minha equipe cumprir suas tarefas? Estas e outras perguntas podem ainda aumentar a lista de questionamento que todo líder pode fazer.

Entretanto, temos percebido que na área de administração, mudanças têm acontecido e muito se tem falado em qualidade, inclusive em pequenas e grandes empresas. Atualmente cobra-se qualidade nos produtos que compramos, no atendimento em um estabelecimento, cobramos qualidade até de uma empresa terceirizada que presta serviço, vemos a preocupação da Imetro, bem como empresas que procuram adquirir o selo Iso e etc.

No entanto, não temos visto essa mesma preocupação no meio eclesiástico. Nas igrejas não se fala e muito menos se preocupa com qualidade. Falamos que devemos ser melhores cristãos, de viver e trabalhar uma vida plena com Deus, de trazer visitantes, pregar o evangelho, de sonhos de ter uma igreja maior que possa acomodar mais pessoas, entre outras coisas. Certamente, se os pregadores dedicassem mensalmente alguns poucos minutos de sua pregação (máximo de 3 minutos) falando sobre qualidade, acreditamos que algumas mudanças aconteceriam.

Assim como afirmamos com convicção que a fé vem pelo ouvir a Palavra de Deus, citando aqui Rm 10.17, poderíamos fazer essa aplicação também para o tema qualidade, pois haverá pessoas que conscientizarão, poderão utilizar conceitos e mudar suas atitudes inclusive no meio eclesiástico. Na igreja assim como em qualquer empresa, não podemos esperar bons resultados, quando encontramos pessoas que não se sentem satisfeitas consigo mesma. Nas igrejas essa questão é acentuada, principalmente quando alguém exerce o papel de liderança ou faz algum tipo de atividade em um ministério.

Dissemos que devemos ser melhores cristãos, para viver e trabalhar uma vida plena com Deus. Viver vida plena é viver com qualidade e como líderes, é prioridade, identificar aquele que não realiza tarefas com prazer, está sempre murmurando e servir para ele, passa a ser um fardo. A importância disso se deve para evitar rachaduras, tanto entre a equipe como na vida pessoal do liderado e de outros. Devemos nos lembrar das palavras escritas pelo apóstolo Paulo: *"De maneira que, se um membro padece, todos os membros padecem com ele; e, se um membro é honrado, todos os membros se regozijam com ele"* (1 Co 12.26).

Na igreja primitiva em Atos 2, vemos exemplo de uma comunidade trabalhando, servindo, vivendo com qualidade os relacionamentos entre si, onde o amor de Deus estava em alta, compartilhando, orando, apoiando os necessitados. O importante neste momento é se perguntar como poderemos despertar ou mesmo motivar minha equipe ministerial, realizar com qualidade as tarefas para o Senhor da melhor maneira possível?

Temos que admitir que não existe uma fórmula efetiva para esta questão, porque estamos lidando com pessoas que possui pensamentos, objetivos, expectativas, modo de viver diferente um do outro. Entretanto, podemos utilizar alguns recursos para melhorar o padrão de cada um e um desses recursos, é saber identificar a natureza motivacional de cada liderado. Isto é importante porque de nada adianta ter uma equipe competente se eles se encontram desmotivados ou mesmo sem motivo para dar o melhor de si. Por este motivo, o líder deve tratar esse assunto individualmente com cada liderado no intuito de motivá-lo.

Esta preocupação de lidar separadamente com cada um, tem como base devido ao fator intitulado, ser humano. Cada equipe torna-se diferente uma da outra, pois em uma mesma equipe, podemos encontrar diferente tipos de pessoas. Não estamos nos referindo aqui em relação a ética moral de cada um, mas a natureza motivacional de cada membro.

Ali encontraremos pessoas que gostam de desafios e são motivadas, encontraremos ainda pessoas que simplesmente procuram ter um relacionamento pessoal com o líder e quando esse não permite tal aproximação, esse tipo de pessoa fica desmotivado e passa a ser apenas aquele que chamamos de cristão de banco, quando muito, afasta-se aos poucos e muda de igreja. Existe ainda aquele tipo de pessoa que quer e gosta de estar em evidência, pessoa que gosta de persuadir, influenciar outras pessoas, porém, quando isso lhe é tirado ou mesmo quando não lhe é dado alguma tarefa, onde possa fazer o que gosta, a pessoa pode até fazer a tarefa, mas veremos que a fez de uma forma desleixada.

Por estes motivos, é que sempre temos enfatizado ao longo deste livro que nossos liderados são diferentes um do outro e devemos tratá-los de forma individualizada. É aquele famoso ditado que diz que cada caso é um caso. Assim como Deus nos criou diferente um do outro e não existe a mesma impressão digital igual uma da outra, mas semelhantes em aspectos, assim também como líderes, devemos dar um tratamento diferenciado a cada um.

Outros aspectos podem nos ajudar a ser um líder com qualidade que inspira e motiva. Isto pode acontecer quando lançamos mãos de alguns recursos, tais como implantar tarefas onde haja participação do maior número de pessoas, onde cada um pode estimular a sua criatividade e tenha condições de trabalhar em grupo; podendo inclusive ser aquilo que as empresas chamam de facilitadores, ou seja, pessoas que passam por algum tipo de treinamento ou mesmo que possui conhecimento e tenha a capacidade de repassar para outras pessoas.

É importante ainda divulgar os resultados dos trabalhos, apresentar novas metas, definir a responsabilidade de cada membro da equipe, delegar autoridade, sempre que possível, fazer rodízio de pessoas, pois quando não se tem outra pessoa para revezar, aquele que assumiu determinada responsabilidade, acaba se sobrecarregando ou mesmo perdendo o vigor em realizar aquela tarefa.

Além de tudo isso, deve-se procurar sempre pessoas que tenham habilidades e perfis para trabalhar em grupo ou mesmo que tenha condições de ser um líder. Mas, nada disso surtirá efeito, se não soubermos reconhecer os talentos existentes e quando convocamos determinada reunião para tratar de assuntos de interesse da igreja ou da equipe, essa reunião apesar de ter um horário determinado para começar, não começa no horário e se estica, tornando assim uma reunião improdutiva.

Nos referimos sobre mudanças na área de administração e essa mudança é claramente vista no modelo organizacional de uma empresa a qual era comparada a uma pirâmide, onde o ponto alto dessa pirâmide se encontrava o líder, ou seja, a base estava ali para servir o chefe. O foco e a atenção eram exclusivamente direcionados ao chefe, onde todos fazem o que ele ordena e deseja.

Com o passar do tempo, houve a mudança de paradigma na estrutura organizacional e o método agora adotado é a pirâmide invertida, cujo ápice agora é à base da mesma. Nesse novo paradigma de liderança, o líder não impõe as regras, mas foca a sua atenção e esforços nos seus liderados. Agora não são os liderados que servem ao chefe, mas o chefe volta sua atenção aos liderados e esses servem a seus clientes. O papel do chefe é servir e em uma empresa, ele deve servir o cliente que é o foco principal da empresa.

Nas igrejas o foco das atenções deve ser primeiramente Deus, pois sem Ele, nada somos e depois o foco da igreja deve ser as pessoas, principalmente aqueles que não conhecem a Deus, mas sabem quem Ele é ou mesmo que tem conhecimento dele, não creem nele por algum motivo. O foco da igreja é a pessoa para que ela possa se transformar e possa servir com qualidade a Deus e ao próximo. Este é mais um motivo para ser um líder com qualidade que serve de inspiração e motivação à sua equipe, pois devemos ter à frente de toda igreja, líderes e obreiros que realizam a obra do Senhor com zelo e qualidade.

O caráter de um líder

Dentre os diversos significados apresentados pelo Dicionário Aurélio, as definições que aproveitaremos é que o caráter é o "conjunto dos traços particulares, o modo de ser de um indivíduo, ou de um grupo; índole, natureza, temperamento" e quando se fala de conjunto de traços particulares, certamente estaremos lidando com domínio próprio, ou seja, estaremos lidando com as qualidades boas e más de uma pessoa que determinam sua moral, seu temperamento, coerência em suas atitudes, que determinam sua conduta.

Todo líder para estabelecer sua liderança deve procurar ter um caráter ilibado, ou seja, não questionável, pois o caráter é a peça principal onde devemos alicerçar nossas ações, para que nossos liderados depositem confiança e credibilidade em nossa pessoa. A falta de caráter demonstrado por muitas pessoas tem revelado o atual estado em que estamos vivendo.

A desonestidade tem imperado em diversas áreas sociais, a violência está presente até mesmo nos lugares mais ermos, trazendo desalento para muitas famílias e em se tratando de pessoas que estão à frente na igreja de Cristo, a falta de caráter traz consequências piores que essas, pois trará a perda da credibilidade da igreja de Cristo diante do mundo. Todo líder deve se lembrar de que liderar é sempre estar em evidência.

Até mesmo em nosso convívio familiar, as pessoas que convivem conosco, observam nossas atitudes. Devemos ainda nos lembrar de que as paredes têm olhos, ouvidos e nossas atitudes podem motivar, desmotivar e até mesmo esfriar a fé dessas pessoas. Por esses e outros motivos é que todo líder precisa transmitir confiança, credibilidade e segurança para seus liderados, familiares, amigos, colegas, conhecidos, etc.

A credibilidade de nossos liderados depositados no líder, possibilitará com que eles tenham condições de continuarem seguindo em frente, mesmo diante das adversidades. A credibilidade tem a ver com confiança e exemplo, ela não é conquistada pela aparência externa e não é conquistada pelas estratégias de mercado ou mesmo comprada. Apesar de termos uma forte tendência de valorizar a aparência mais do que a própria essência.

A credibilidade em um líder eclesiástico, deve estar mais relacionada ao relacionamento demonstrado diante de Deus do que suas vestimentas e modo de falar. No entanto, existem formas de voce, como líder eclesiástico, ganhar a credibilidade das pessoas individualmente. Essas formas são bem simples, basta inicialmente voce ser honesto com eles, desenvolver um bom relacionamento, dar bons exemplos, ajuda-los a atingir as metas que eles almejam, desenvolver essas pessoas como líderes, procurando ater-se apenas a altos padrões da moralidade, da liderança, criando estratégias para cada pessoa, não as tratar conjuntamente, pois voce deverá ter como ideal, agregar valor a todas elas.

Devido à valorização que costumamos dar, é que erramos algumas vezes em nossas escolhas. Veja o exemplo do povo hebreu que valorizou a aparência de Saul. Por este motivo, é um erro pensar que nossos liderados não sabem quando estão sendo conduzidos por homens de Deus, e quando estão sendo liderados simplesmente por homens. Alguns podem demorar a distinguir isso ou mesmo ignorar, não querendo ver, mas com o tempo, o Espírito Santo de Deus mostrará a verdade, pois uma autoridade que vem diretamente de Deus, não precisa de malabarismos para se sustentar.

Eventualmente cometeremos erros em nossa liderança, no entanto, é um erro pensar que nossos liderados e ou as pessoas que convivem conosco, ignorarão sempre nossas falhas, principalmente quando ocupamos uma posição de destaque. As pessoas sabem e percebem quando cometemos erros, então o xis da questão é saber se admitiremos isso ou não. Ao aceitarmos que cometemos determinado erro, e expressarmos aos nossos liderados, muitas vezes conseguiremos reconquistar a confiança deles.

Não apenas se tratando de nossos liderados, mas as pessoas normalmente estão propensas a perdoar erros eventuais que possamos, como líder cometer. Essa propensão é graças a capacidade que Deus nos deu para liderar, especialmente quando essas pessoas ou nossos liderados enxergam que cometemos erros honestos e procuramos sempre crescer como líderes levando também eles conosco, então eles tolerarão, dando-nos tempo, mas se quebrarmos a confiança, dificilmente, não impossível, conseguiremos reconquistá-la.

Existe um dito popular que diz que a confiança é algo difícil de ser conquistado, no entanto é fácil de ser perdido e quando perdido, será ainda mais difícil de ser reconquistado. Esse dito popular é mais válido quando se trata de falha de caráter, nessa área, mesmo um pequeno erro pode ser fatal para a confiança depositada. Um exemplo bem clássico disso é quando lidamos com dependentes químicos.

Vale a pena lembrar que confiança e credibilidade, estão diretamente relacionados com caráter e liderança, não com obediência servil, pois isso é autoritarismo. Ter um líder que demonstre falta de caráter, é como se andássemos vendados em um pequeno terreno cheio de minas terrestres ocultadas, preparadas e prontas a explodirem quando pisarmos nelas. Tudo será apenas questão de tempo para que essas minas ativadas explodam, não as pessoas que a pisaram, mas explodam a nossa capacidade de liderar.

Quando queremos ou exercemos imposição, seja de nosso cargo ou mesmo de nossas ideias, na maioria das vezes, isso está relacionado à falta de credibilidade, porque esse é um método muito utilizado por aqueles que comumente taxamos de ditadores, que tem a necessidade de controlar as pessoas. Quando um líder lança mão desse recurso, ou ele está testando sua autoridade ou está querendo provas de que ainda é visto como líder por aquele grupo.

Quando um líder chega ao ponto de testar sua autoridade pelo caráter, confiança e credibilidade ou mesmo quando ele se impõe, precisa convencer as pessoas a fazerem algo que ele deseja por questões mundanas ou pessoais, o resultado pode às vezes não ser o desejado, porque o reconhecimento de uma autoridade não está relacionado à imposição ou domínio de pessoas, isso é escravidão, é não deixar a pessoa praticar o livre arbítrio que Deus lhe deu.

A autoridade de um líder deve estar acima de tudo no exemplo e isto é muito importante porque autoridade não se compra. Lembrando que se o que voce faz como líder não envolver pessoas, então, isso não é liderança e se voce precisa testar sua autoridade para convencer as pessoas a segui-lo, infelizmente o que podemos dizer é que voce na verdade não lidera.

Lembrando que não estamos tratando aqui de impor uma posição correta de uma doutrina seguida pela igreja, pois mesmo dentro das igrejas, encontraremos pessoas que interpretam erroneamente alguns conceitos doutrinários e essas devem ser corrigidas, para não haver divisão no Corpo de Cristo.

Falar de autoridade, confiabilidade, credibilidade sem citar ao menos um exemplo bíblico disso, é ater-se a superficialidade, pois as páginas bíblicas têm muito a nos ensinar sobre isto. Um exemplo que trazemos à tona, encontra-se no segundo livro de nossas Bíblias que é o livro de Êxodo. Moisés apesar de ser um exemplo de autoridade concedida por Deus para liderar seu povo no deserto, é ainda um exemplo de força e credibilidade em sua liderança, porque assim deve ser à base de todo líder: ter firmeza em suas decisões, coerência em seus pensamentos, sensatez em suas atitudes.

É inegável que Moisés não chega aos pés do Senhor Jesus, mesmo sendo considerado um dos maiores profetas que pisou em nosso planeta, mas ele mesmo (Moisés) tendo algumas atitudes questionáveis, é um exemplo perfeito de que haverá momentos onde poderemos agir de maneira que não gostaríamos, devido às circunstâncias do momento. Entretanto, é sempre bom lembrar de que são nos momentos de adversidades ou quando colocamos à prova nossas convicções, esses são os melhores momentos onde teremos condições de avaliar nossa liderança.

A experiência nos traz aprendizado e maturidade, desde que deixemos Deus nos moldar, segundo seus divinos propósitos. No entanto, sabemos que nem todos estão propensos a isso. Devido a este fato, encontramos líderes que se escondem atrás de seu carisma ou procura firmar sua liderança simplesmente nos conhecimentos acadêmicos adquiridos e não procuram desbastar a pedra bruta que é o seu eu. Talvez seja esse o principal motivo de encontrarmos uma variedade de igrejas ou mesmo de pequenas comunidades e até mesmo religiões.

Muitas pessoas erram ao pensar que o carisma é algo inato ou mesmo uma sina a qual a pessoa é destinada. Em palavras bem diretas e objetivas, podemos dizer que carisma é simplesmente, uma habilidade que a pessoa tem em atrair pessoas para si e isso pode ser aprendido e desenvolvido.

Liderança não é uma posição em que desejamos estar, mas uma escolha, uma decisão, uma aceitação do serviço que Deus nos colocou à frente e devido a isto é que devemos procurar ser aquele líder que procura fazer a diferença na vida das pessoas, que se encontram à nossa volta, devemos procurar influenciar essas pessoas a serem melhores pessoas, a se tornarem melhores em seus trabalhos, em suas igrejas, em suas casas, no mundo ou onde se encontrarem.

Como escrevemos, com exceção de Jesus Cristo, não existem líderes perfeitos, mas existem muitos líderes que não procuram e nem querem se aperfeiçoar. A esses, digo que assim como o cenário mundial vem constantemente mudando, assim também sua liderança também precisa mudar, pois aquele tempo onde líderes chorões e reclamadores tinham espaço, não existe mais. Procure aperfeiçoar sua capacidade de liderança cada vez mais, inscreva-se em cursos para líderes, leia livros, peça orientação, mas faça qualquer coisa para se tornar melhor naquilo que voce faz.

Nos moldes de hoje, o verdadeiro líder não se queixa das situações, ele é um empreendedor, pois transforma as situações em oportunidades onde ele tem condições de se desenvolver como líder; de descobrir tanto os seus pontos fortes, como também de sua equipe, pois se quisermos ser líder de uma equipe de alto desempenho, devemos investir em pessoas. Devemos aprender com os erros do passado, sejam eles nossos ou não.

Um mito que precisa ser desmitificado é aquele que as pessoas pensam que todo empreendedor são líderes, o que nem sempre é verdade. As qualidades de um líder, vem ao longo dessas páginas sendo apresentadas, mas o empreendedor, por via de regra, costumam ser pessoas que tem a habilidade de identificar oportunidades que se apresentam a sua frente e aproveitar delas. Um empreendedor normalmente identifica a necessidade, compreende o meio de atender essa necessidade, transformando-a em lucro.

Tipos de líderes

De acordo com que vimos na primeira parte desta obra, existe mais de um tipo de liderança, é inevitável que exista também mais de um tipo de líder por estarmos tratando de pessoas. É interessante nos lembrar de que esses tipos de liderança, podem ser vistos como estratégias de atuação que podem ser trabalhadas, adaptadas e aplicadas segundo a necessidade de cada liderado.

Antes de citar os tipos de líderes que se pode encontrar, é didático lembrar que como tratamos diretamente com pessoas, existem também vários tipos de pessoas e liderados, pois poderemos encontrar em uma equipe, liderados de baixa, média e alta maturidade, liderados estimulados, desestimulados, sensíveis, evasivas e etc.

É prudente tratarmos cada qual segundo suas aptidões, para que se possa alcançar um resultado mais satisfatório. É por este motivo que existem líderes que delegam o que é para se fazer, bem como se deve fazer, enquanto existe aquele que ao delegar uma tarefa a sua equipe, limita-se simplesmente em dizer apenas o que é para ser feito, não apresentando informações de como deve ser feito.

Encontraremos líderes que deixam transparecer mais os seus sentimentos do que outros, que se sensibilizam, choram e envolvem-se emocionalmente com seus liderados. Encontraremos ainda líderes que poderemos taxá-los como comprometidos, que procura estimular sua equipe a se aperfeiçoar através de treinamentos, leituras de obras que possam auxiliá-los nessa tarefa, diferenciando dos autoritários que não aceita opiniões e quer determinar como todos devem se portar perante ele, bem como deve ser realizado as tarefas apresentadas, irritando-se quando as coisas não saem exatamente como querem.

O tipo de líder autoritário diferencia-se muito do líder que é pacificador que também tem sua autoridade reconhecida pela equipe, no entanto, sua preocupação está mais focada em eliminar atritos de qualquer natureza, procurando inclusive resolver ou mesmo, se colocando na posição de mediador entre questões que podem trazer desavença na equipe, para que eles possam alcançar resultados melhores.

Normalmente, os líderes pacificadores ou conciliadores como às vezes são chamados, procuram a todo o momento dialogar com maturidade, não são dados a vaidades e tem um modo de expressar simples, são íntegros e nem sempre querem estar em evidência, mas desejam ser notórios para poder servir, sem prejudicar quem quer que seja acima de tudo e são pessoas solidárias.

Outro tipo de líder que poderemos encontrar, é aquele tipo de pessoa que está sempre procurando melhorias, pensando como realizar tarefas com o máximo proveito e menor desgaste de maneira eficiente, com pouco custo e com boa qualidade. Esse é um tipo de líder que podemos chamar de líder eficiente, pois ele cria comprometimento com a equipe, participa com ela nas tarefas, pede a colaboração de todos e está sempre aberto às ideias, em como resolver questões para atingir o resultado esperado. No entanto, vale também dizer que o líder é eficiente, por suas qualidades como pessoa e não pelo número de pessoas que ele lidera.

Poderemos ainda apontar um estilo de líder que parece não o ser, pois esse tipo deixa a equipe ao léu, sem exercer qualquer tipo de liderança, entretanto, não sendo esse um tipo de líder que se encontra facilmente, apenas quando as pessoas desistem de seu ministério. Isso ainda tem um ponto positivo, pois na equipe poderá surgir sempre um que tem o desejo de fazer as coisas acontecer e aos poucos vai adquirindo experiência, capacidade de liderar e o reconhecimento dos demais membros da equipe.

No entanto, o melhor tipo de líder é aquele líder que consegue servir as pessoas, assim como Jesus o fez. O estilo de liderança servil apresentado por Jesus Cristo estava fundamentado em seu caráter. O servir na vida de Jesus foi baseado em seu exemplo de vida, para que as pessoas tivessem qualidade de vida e não ao apego ao poder.

Gosto de pensar que um dos significados mais fortes que Jesus nos deu ao mostrar a seus discípulos que ele mesmo sendo mestre, pôde realizar tarefas que naquele tempo era destinado aos servos de uma casa, é que ele simplesmente além de realizar esse tipo de serviço e realizar milagres, ele poderia formar pessoas.

O apego ao poder, ao título tem a capacidade de fazer com que os líderes, queiram realizar cada vez mais, sem ao menos se preocupar em formar pessoas, criar novos líderes e isto está na contramão do que Jesus mostrou através do seu exemplo. Por este motivo, afirmamos mais uma vez que um líder deve ocupar uma parte de seu tempo em formar outros líderes pelos motivos já expostos.

Tudo isso nos leva a crer que liderar às vezes é diferente de servir, pois aquele que lidera, procura ter motivação para poder influenciar outras pessoas, procura ainda adquirir conhecimento e habilidades para exercer o cargo ou a posição, enquanto aquele que serve não é apenas um agente passivo que cumpre tarefas, é uma pessoa que tem coragem em se fazer menor para poder servir.

Infelizmente, nós seres humanos temos a tendência quase natural de pensar que apenas grandes feitos, estão diretamente relacionados a grandes pessoas, no entanto, nós esquecemos que no Reino de Deus, as coisas nem sempre funcionam dessa forma. Vemos isso quando lemos que muitos serão chamados, mas poucos os escolhidos (Mt 22.14). Isto nos mostra que de nada vale ficar contando apenas com a maioria esperando realizar algo significativo. Dizemos que "o pouco com Deus é muito" e se cremos nesta palavra, então por que deveríamos esperar a maioria para realizar algo? A verdade é que nem sempre a maioria se interessará pela mesma coisa que voce ao mesmo tempo, no entanto, sempre haverá uma minoria que estará comprometida com a sua causa.

A liderança servidora não é apenas uma boa forma de se liderar, mas é também uma forma de se envolver com seus liderados, ajudando-os a crescer, dando direção e propósitos em suas vidas, pois na medida em que um líder serve aos seus liderados, ele reforça sua autoridade. Quando ele manda, ele está apenas forçando seus liderados a segui-lo por causa da sua posição. Lembram-se da diferença entre chefe e líder?

Jesus quando chamou aqueles que seriam seus discípulos, chamou-os para que eles pudessem iniciar uma missão com ele, ensinou-os e também disse que lhes daria poder. Eu vejo que esse tipo de poder a que Jesus se referia, não seria apenas poder de realizar feitos sobrenaturais, mas autoridade; e isso foi plenamente cumprido, pois eles tiveram a autoridade de formar a igreja de Cristo e redigir o Novo Testamento inspirado pelo Espírito Santo.

O fato é que muitos líderes querem estar no poder, gostam de estar no poder, desejam também estar no poder. Alguns líderes lutam por cargos, reconhecimento e não por cargas que podem desestabilizar seus ministérios. É lamentável dizer, mas infelizmente encontramos em nossas igrejas tanto líderes que querem cargo, mas não a carga de sua liderança; como também pessoas que procuram ser percebidas e apreciadas até pelo trabalho que realizam na Casa de Deus, mas infelizmente, essas pessoas costumam demonstrar que não são tão comprometidas com a causa cristã.

Nas páginas bíblicas, vemos que Deus não ensinou de modo algum a confusão, mas a conciliação que teve sempre como base o amor, no entanto, parece que algumas pessoas não perceberam isso e através de fofocas e intrigas, criam problemas. Vemos em Pv 18.21 o melhor e o pior de uma língua: *"A morte e a vida estão no poder da língua; e aquele que a ama comerá do seu fruto"* é por este motivo que o Sl 34.13 nos diz para guardar a língua do mal, seguido do versículo 14, exorta a apartarmos do mal e praticar o que é bom procurando a paz e empenhando em alcançá-la.

As pessoas que de alguma forma formam esse tipo de confusão no meio eclesiástico, contribuem fortemente para a divisão da igreja. Essas pessoas são os atuais Diótrefes da qual o apóstolo João se refere em sua terceira epístola nos versículos 9 a 11. Também o profeta Isaías nos exorta em abandonar o mal e fazer o bem. (Is 1.16,17) está escrito que devemos nos lavar e purificar, tirando a maldade de nossos atos, cessando de fazer o mal. Devemos aprender a fazer o bem, procurando sermos justos e ajudando o oprimido, porque Deus conta conosco para fazermos a diferença.

Após a leitura deste tópico, faça uma reflexão e diga para si mesmo, qual tipo de líder se parece mais com voce. Veja o que voce pode fazer ara se tornar um líder melhor e ore a Deus agradecendo a oportunidade recebida.

Por que alguns líderes desistem?

Um dos principais motivos pela qual levam alguns líderes a desistir, está relacionado normalmente em eles acumularem diversos cargos e ou ocupações dentro de sua própria comunidade eclesiástica, pois além de ser o pastor da igreja, cuidar do rebanho, ele ainda precisa desempenhar outros papéis, tais como ser o orador, apresentando os sermões semana após semana, ser aquele que está à frente de quase tudo dentro da própria comunidade, seja preparando, organizando, dando recursos ou mesmo buscando recursos para manter viva a igreja, ser conselheiro, a maioria das vezes, ser o professor da escola dominical e outras atividades mais.

Gondim relata sobre a pressão de o pastor enfrenta em apresentar sempre uma nova palavra à igreja:

> O pastor fica sob constante pressão de pregar um sermão sempre novo, encharcado de realidades inéditas. Com isso, ele pode sucumbir a duas tentações: ou elitiza sua mensagem, ou descamba para a alegorização exagerada dos textos. Na elitização da mensagem ele simplesmente busca dar um tom moderno ao que fala, mostrando que está em sintonia com as últimas notícias da semana que passou. Na alegorização dos textos, busca novas verdades nos versículos que ninguém ainda tenha visto. Ele sente-se

> pressionado a ter uma revelação nova, inédita, e aí descamba para a heresia, ou para a simples falta de bom senso[24].

A verdade é que com tanta atividade acumulada em suas costas, alguns líderes chegam ao ponto de desistir, pois ele ainda precisa ser produtivo e algumas vezes precisa ter jogo de cintura, não ser rígido o bastante em diversas situações, fazendo assim, o papel de um bom político como é dito no meio secular.

Digo bom político porque haverá momentos em que devido sua posição, esse líder deve exortar, corrigir, sem, contudo, causar descontentamento ao exortado, porque antes mesmo de ser uma ovelha, deve-se lembrar de que aquela pessoa é também uma pessoa formadora de opinião.

Tudo isso nos leva a fazer o seguinte questionamento: que conselho pode-se dar aos pastores que se sentem cansados e esgotados? Primeiramente, diremos que o motivo desses pastores se sentirem cansados e ou esgotados, tem como origem a falta de delegação de poder a outras pessoas. É ainda a falta de identificar sucessores e tudo isso irá te sobrecarregar porque

---

[24] GONDIM, Ricardo – Fim de milênio: Os perigos e desafios da pós-modernidade na igreja, 1996, pág. 89

voce deverá lidar com todas as situações pessoalmente. Segundo, antes de pensar em desistir, deve ser levando em conta o fato de que o fim da linha em seu ministério não chegou.

Terceiro ponto que leva muitos pastores a se sentirem cansados e esgotados é que alguns deles, inconscientemente, pela firmeza de seu caráter, passam a defender seu ponto de vista com unhas e dentes, desconsiderando assim, outros pontos de vista.

No entanto, a orientação que utilizarei, não é uma opinião pessoal, mas devido ao seu conteúdo e coerência, eu concordo plenamente com o autor:

> Voce tem as marcas dos chamados por Deus. Não deixe que nada nem ninguém ofusque a glória do Senhor em sua vida.
> Quando estiver desanimado e abatido pelas lutas desta vida, olhe para o alto, de onde vem o seu socorro, e lembre-se: Deus tem coisas grandes para voce e Ele realizará obras tremendas por seu intermédio. E quando estiver confuso, não precipite. Peça que o Espírito Santo lhe revele que direção e decisão tomar. Quando Ele o fizer, siga suas instruções à risca, e será vitorioso.
> Não desista da sua vocação espiritual.[25]

---

[25] MALAFAIA, Silas – As marcas dos chamados por Deus, Editora Central Gospel, 2012, Rio de Janeiro, pág. 60,61

Entretanto, além dessas palavras incentivadoras, venho relembrar que é preciso que o líder saiba delegar, dividir as tarefas, confiando na capacidade intelectual e espiritual de seu liderado para não desistir. Acredito que não será necessário lembrar neste momento que a delegação ou mesmo divisão da tarefa, deve ser sempre supervisionada à distância, pois assim estaremos concedendo a oportunidade daquele ou daquela liderada, crescer e desenvolver o pequeno líder que existe dentro de cada um de nós.

Tenho ainda registrado em minha memória que as principais causas do estresse na vida de um líder cristão, estão relacionadas em diversas áreas, sendo que a maior parte são os problemas apresentados pelos próprios membros da igreja local, quando o problema não é com o próprio membro. Depois desse fato, é seguido pela sobrecarga no ministério e os conflitos existentes na igreja, pois haverá momentos em que poderá ser desenvolvido, um sentimento de inutilidade.

Existem ainda outros fatores, tais como o sentimento de solidão ou mesmo de isolamento que poderá ser desenvolvido devido sua posição no ministério, problemas financeiros, algumas vezes problemas conjugais ou mesmo dúvida sobre o chamado, pode ocorrer ocasionalmente.

É sempre bom lembrar que o líder cristão em diversas situações está cercado de pressões, eventos e crises, contudo, a vontade de desistir deve ser descartada, mesmo quando se acredita que o fardo é pesado. É por este motivo, que uma das grandes necessidades do líder, deve ser aprender a treinar novos líderes; para isso, é preciso melhorar nossa capacidade de abrir mão de algumas coisas, delegar tarefas e formar discípulos.

Essa capacidade de melhorar nossa capacidade de abrir mão de algumas coisas e delegar tarefas, evita assim a sobrecarga de trabalho na igreja e isso pode ser vista na Bíblia. Lembra-se do clássico exemplo do momento em que Jetro ensina a Moisés esses princípios básicos? Entretanto, deve-se considerar que antes que isso pudesse acontecer, Moisés precisava primeiramente treinar pessoas e depois, confiar nessas pessoas no desempenho das tarefas.

A delegação de tarefas, em certo sentido, pode ser considerada como carro chefe de uma gestão ministerial, afinal de contas, devemos considerar que gerenciar, é conseguir que as coisas sejam realizadas através das pessoas que estão a sua volta e comungam com o mesmo tipo de pensamento que se crê. No entanto, sabemos que isso não é fácil e muito menos simples, pois uma distribuição de tarefa a uma pessoa inadequada pode resultar em retrabalho.

Isso pode nos levar a pensar que determinados líderes eclesiásticos ou não sabem como delegar ou mesmo o que delegar; descartando aqui a possibilidade do liderado também não estar à altura em desenvolver o solicitado naquele momento ou mesmo em outro qualquer. Podendo ainda ser que o liderado por medo de errar, fique inibido no desempenho de sua função, acabando por não executar a tarefa ou mesmo que ele não a ache a tarefa desafiadora para sua capacidade ou não compreendeu o que deveria ser feito. Em último caso, o que preferimos descartar, é a possibilidade daquele liderado querer por motivos escusos, que seu líder fracasse.

O fato é que não podemos e não devemos fazer tudo sozinho. Nesse sentido, é importante que o líder conheça o potencial de cada um e garanta a compreensão e aceitação do liderado no resultado esperado, porque haverá momento em que duas cabeças ou mais não concordará plenamente com todos os detalhes, mas o importante será que todos saibam, o que deve ser feito e como deve ser feito. Lembrando que a prestação de contas deve ser realizada ou mesmo cobrada, independente do caso.

Líder, aprenda a dizer não para algumas questões

A palavra "não" exprime uma recusa de algo, uma negativa, mas nem sempre uma negativa está relacionada a algo que fazemos de errado, pois existem momentos em nossa vida em que o não deve ser aplicado e praticado. Saber dizer não para muitas coisas, é algo que promoverá qualidade de vida, desperdício de tempo, de saúde. Por exemplo, se muitos jovens nos dias de hoje dissessem não às drogas, à violência, certamente a qualidade de vida tanto deles como da sociedade estaria melhor que o quadro que vivemos atualmente.

Como seres humanos não podemos e ou devemos aceitar tudo; devemos aprender a dizer não para muitas coisas. Se ao receber um não, fizéssemos uma análise do porquê daquela negativa, talvez evitaríamos muitas adversidades em nossas vidas. Nas igrejas encontraremos líderes que tem dificuldade em dizer não a muitas coisas, às vezes movidos pelo receio de desagradar alguém, no entanto, esse erro deve ser evitado, porque isso poderá trazer ensinamentos àquele a qual dissemos não e consequentemente poderá melhorar a nossa qualidade de vida.

Dizer não, é uma lição que poderemos aprender inclusive nas Escrituras Sagradas, pois encontraremos momentos que o próprio Senhor Jesus disse não para certas ocasiões. Por exemplo, lemos em Mt 16.4 que os fariseus e saduceus pediram a Jesus para lhes mostrar um sinal dos céus e em resposta Jesus disse: *"Uma geração má e adúltera pede um sinal, e nenhum sinal lhe será dado, senão o sinal do profeta Jonas. E, deixando-os, retirou-se"*.

Outra negativa de Jesus encontra-se em Lc 12.13,14 quando lhe foi pedido para ser juiz em uma questão de partilha de bens. A questão de partilha daquela época estava escrita no livro de Deuteronômio. *"Nesse ponto, um homem que estava no meio da multidão lhe falou: Mestre, ordena a meu irmão que reparta comigo a herança. Mas Jesus lhe respondeu: Homem, quem me constituiu juiz ou partidor entre vós?"* Jesus nega atender ao pedido daquele homem nessa questão. Sabemos que Jesus tem autoridade para resolver tal disputa, entretanto, também sabemos que Jesus não veio para arbitrar disputas terrenas.

Outro exemplo encontra-se na narrativa de Lucas quando ele se encontrava crucificado:

E, quando chegaram ao lugar chamado a Caveira, ali o crucificaram, e aos malfeitores, um à direita e outro à esquerda. E dizia Jesus: Pai, perdoa-lhes, porque não sabem o que fazem. E, repartindo as suas vestes, lançaram sortes. E o povo estava olhando. E também os príncipes zombavam dele, dizendo: Aos outros salvou, salve-se a si mesmo, se este é o Cristo, o escolhido de Deus. E também os soldados o escarneciam, chegando-se a ele, e apresentando-lhe vinagre. E dizendo: Se tu és o Rei dos Judeus, salva-te a ti mesmo. E também por cima dele, estava um título, escrito em letras gregas, romanas e hebraicas: Este é o rei dos judeus. E um dos malfeitores que estavam pendurados blasfemava dele, dizendo: Se tu és o Cristo, salva-te a ti mesmo, e a nós. Respondendo, porém, o outro, repreendia-o, dizendo: Tu nem ainda temes a Deus, estando na mesma condenação? E nós, na verdade, com justiça, porque recebemos o que os nossos feitos mereciam; mas este nenhum mal fez. E disse a Jesus: Senhor, lembra-te de mim, quando entrares no teu reino. E disse-lhe Jesus: Em verdade te digo que hoje estarás comigo no Paraíso" (Lc 23.33-43).

Com os exemplos citados, percebemos que devemos dizer não ou mesmo deixar de fazer alguma coisa e devemos ainda aprender a identificar o motivo pela qual desejamos responder "sim" quando o melhor seria dizer "não" ou mesmo não fazer tal coisa. Identificar uma situação, saber o que fazer nem sempre é o suficiente em liderança. Como líderes devemos ser atenciosos, fazer ou mesmo falar a coisa certa no momento certo. Assim, devemos procurar ter a maturidade suficiente para saber qual o momento certo e ocasião correta para dizer não.

As vezes chegamos a pensar que dizer não, deixa de ser apenas uma negativa, chegando a beirar um ato de maldade, no entanto, passa ser maldade e até mesmo um ato de covardia, quando percebemos que a pessoa fará algo errado e preferimos nos omitir e nada fazer para mudar aquela situação.

Não fazer quando se pode fazer, é pior do que nada fazer. Hofni e Fineias, por exemplo, eram filhos do sacerdote Eli que sabia dos erros cometidos pelos filhos, mas o sacerdote preferiu ignorar e nada fazer, eles foram chamados pela Bíblia de filhos de Belial (1 Sm 2.12). Deus não aceitou essa omissão do sacerdote Eli, resultando em grande tragédia para aquela família.

Em se tratando de uma equipe, às vezes o "não" será necessário, porém devemos nos cuidar para que esse não, acabe sendo um motivo de desmotivação para nossa equipe. Para isso, devemos aprender a ser diplomáticos e saber como dizer não aos nossos liderados, sem que isso possa desmotiva-los ou mesmo desmotivar a pessoa que trouxe a ideia.

Uma forma de evitar a desmotivação, é pedir um tempo para analisar as perspectivas e dar retorno à pessoa ou a equipe que apresentou tal ideia, no entanto, é bom iniciar com palavras de agradecimento pela contribuição. Não é bom adiar a resposta por muito tempo, ou deixar que o tempo ou as circunstâncias resolvam a situação e pior que isso, é quando nos esquecemos da contribuição prestada para aquele assunto, nem ao menos consideramos a ideia e também não damos retorno.

Sabemos que as pessoas seguem ideias e ideais, na maior parte do tempo, elas não seguem pessoas, por este motivo, quando alguém apresenta uma contribuição para determinada questão, certamente ela será a última pessoa a esquecer daquilo, a menos que se prove com argumentação lógica que aquela ideia trará prejuízo para a equipe.

O fato é que todos nós nos apegamos às ideias, mesmo quando, no caso das igrejas, não há premiação financeira. O motivo desse apego as nossas ideias, está diretamente relacionado com nossa autoestima. Esta também é uma oportunidade de voce como líder, fazer uma rápida avaliação e percebendo não ser uma boa ideia, tentar transformar a má ideia em boa ideia. Mesmo uma má ideia pode conter algo de bom e como líderes devemos ser criativos e também contribuir para a criatividade de nossa equipe.

Devemos saber o que dizer e como dizer, avaliando se eles têm condições de ouvir e entender o que estamos dizendo, entretanto, não devemos deixar que nossos liderados pensem que estimular a criatividade, seja o mesmo que deixar tudo ao léu. Podemos ser liberais em alguns sentidos, não demasiadamente liberais a ponto de permitir de eles possam pensar que tudo é permitido. Não devemos confundir liberdade com libertinagem. Por isso é muito proveitoso o líder saber passar as ideias pela peneira, rejeitando aquilo que não seria proveitoso.

No caso da contribuição apresentada ser muito criativa, poderemos ainda pedir um tempo, devido aos custos que teremos de dispensar para tal realização, ou mesmo, poderemos conjuntamente fazer nova análise para que a contribuição não seja perdida, mas aprimorada. Essa deve ser a linha a ser seguida, pois antes de rejeitar uma ideia, deve-se estimular a todos a apontarem os fatores negativos, balanceando-os com os positivos. Isto poderá trazer o equilíbrio e evitará a desmotivação e quem sabe até mesmo trazer a solução.

Contudo, devemos sempre lembrar que rejeitar uma ideia pode ser o apropriado, mas devemos evitar rejeitar determinada ideia, acrescentar algumas alterações e depois apresentar como se fosse uma nova ideia; isto é plágio. Se voce opta por rejeitar determinada ideia, simplesmente pelo fato de não ter entendido, o caminho a ser tomado é pedir detalhes e discutir com a equipe ou a pessoa que apresentou a ideia. O que devemos evitar é pressupor o que a pessoa quer dizer.

No entanto, haverá momentos que devemos rejeitar uma ideia ou mesmo determinada ação de uma pessoa, principalmente quando fere os princípios bíblicos. O líder deve dizer não e contra argumentar, porém, ele não deve tentar mudar a pessoa, nem o comportamento do liderado ou mesmo do próprio filho, porque quem muda a pessoa é a própria pessoa que é convencida pelo Espírito Santo.

Devemos dizer não veementemente a qualquer ação errada, seja ela de nossa parentela ou membro da igreja. Não devemos nos omitir e permitir que erros sejam cometidos na Casa do Senhor, assim como fez o sacerdote Eli.

Assim, acreditamos que com o que foi apresentado neste tópico, ficou esclarecido que como líderes que somos, devemos ficar atentos e aprender a dizer não para algumas questões, pois isso evitará o estresse da qual certamente poderemos evitar de passar.

Ausência do líder como oportunidade

Normalmente, quando nos referimos a ausência de um líder em determinadas circunstâncias, a maioria das vezes, pensamos no significado propriamente dito da palavra ausência, que é o estado ou condição de não haver ou mesmo da falta e até mesmo inexistência de um líder. No entanto, a ausência de liderança que abordaremos é no sentido de haver a liderança e o líder se ausentar estrategicamente por algum momento.

Uma ausência estratégica, planejada e intencional em nossa liderança, é salutar e até mesmo recomendada em determinadas circunstancias, pois será nesse exato momento de nossa ausência que teremos condições de avaliar melhor a situação de nossa liderança. Só por essas palavras, vemos que é uma ausência supervisionada e não simplesmente estar ausente de nossas responsabilidades como líderes. A seguir apontaremos cinco benefícios que visualizamos em uma ausência supervisionada:

O primeiro benefício que encontramos em uma ausência programada, porém supervisionada, é que estaremos em primeiro lugar dando a oportunidade de nossa equipe crescer, principalmente quando os desafios e alguns contratempos surgem. Entretanto, o grupo apenas crescerá se eles decidirem vencer os obstáculos e trabalharem como uma equipe, porque esses desafios nada mais serão do que uma oportunidade para o crescimento emocional e espiritual do grupo.

Será nesse momento que poderemos avaliar realmente a fidelidade de cada membro de nossa equipe, pois será em nossa ausência que eles poderão demonstrar a fidelidade das ideias, dos ideais do líder e do nível de comprometimento deles com essa liderança. Usamos as palavras "avaliar realmente" porque quando estamos presentes, essa demonstração de fidelidade pode ser mascarada e somente em nossa ausência que poderemos realmente avaliar.

É muito fácil demonstrar nossa fidelidade a alguém quando esse alguém se encontra ao nosso lado ou mesmo perto de nós, mas quando essa pessoa está distante, a figura pode mudar. É justamente quando o líder se encontra ausente, é que o liderado realmente demonstra e revela seu nível de fidelidade com o seu líder.

A fidelidade em si, é um bem muito precioso, principalmente quando o líder é fiel à sua equipe e não a abandona até que a tarefa tenha sido completada segundo o planejado. O líder que não abandona sua equipe, tem um bom relacionamento com a mesma, é um tipo de líder que busca seguidores que têm o mesmo tipo de ideais, que o respeitem não apenas pela posição ocupada, como também suas ações e pedem compromisso até para assumirem riscos, se empenhar em fazer o que for necessário para realizar as tarefas.

No entanto, quando os líderes não conseguem o respeito de sua equipe, ao pedirem compromisso para fazer o que for necessário para realizar as tarefas, normalmente são vistos com desconfiança e são até mesmo questionadas, quando não muito, apresentam alguma desculpa ou inventam qualquer motivo para não participar ou mesmo acabam se afastando.

O segundo benefício que visualizamos em nossa ausência supervisionada é que teremos condições de avaliar nossos liderados quando eles terão a oportunidade de demonstrar se a sua submissão à nossa liderança é apenas superficial ou não, pois temos a tendência de valorizar mais a aparência do que a essência propriamente dita.

Devido a essa tendência que todo ser humano possui é o motivo de errarmos em algumas de nossas escolhas, onde inclusive, poderemos testemunhar que um de nossos liderados poderá por falta de conhecimento mais aprofundado de nossas ideias, agir de forma errônea e até mesmo questionável, para conseguir obter o resultado que esperávamos. Essa ausência supervisionada, nesse contexto, demonstrará que esse nosso liderado não respeita muito os nossos valores como líderes e também apontam que ele também não deve valorizar muito as suas próprias conquistas.

Então, ao regressarmos, devemos dispensar uma atenção especial a essa pessoa e trabalhar mais nesse item. É muito importante não deixar de dar a atenção a esse tipo de pessoa, pois fatalmente essa poderá incorrer em risco maiores no futuro se não for trabalhada. Pode até mesmo chegar ao ponto de aplicar o princípio de Maquiavel que diz que o fim justifica os meios empregados.

O terceiro benefício que podemos apontar é com relação à obediência de nossos liderados, pois uma ausência supervisionada deve antes de tudo, acompanhar instruções claras sobre o que é esperado de cada um. Essa obediência de nossas instruções durante nossa ausência, servirá para mostrar se a equipe tem respeito por nossa autoridade, por nós mesmos e pelas instruções deixadas, pois se eles não questionaram as instruções recebidas antes de nossa ausência, então é esperada a obediência dessas instruções.

O quarto benefício de uma ausência supervisionada é que teremos a oportunidade de verificar como nossa equipe poderá influenciar outras pessoas. Já nos referimos diversas vezes que liderar é influenciar e se essa influência não for bem canalizada, com objetivos corretos, poderá ser prejudicial ao influenciado; então, é nosso dever como líder, agir imediatamente, evitando tanto o efeito negativo que poderá ser causado no influenciado, como também na disseminação dessa influência negativa.

O quinto e último benefício que visualizamos em nossa ausência supervisionada é que teremos a oportunidade de deixar revelar tudo o que estiver em oculto. Por menor que seja a intriga ou mesmo oposição e até mesmo divergência de alguma ideia, a nossa ausência será o momento propício de vir a tona, pois essa será a melhor hora de inimigos ocultos atacarem, pensando que o terreno está desprotegido e a seu favor para qualquer investida. Esta é a grande vantagem que devemos valorizar em nossa ausência supervisionada, estratégica, proposital, planejada, programada e intencional.

Estes cinco benefícios apontados, de nada valerá, se o líder além de não deixar instruções claras e o que é esperado de cada membro de nossa equipe, se antes de tudo não capacitar a equipe liderar durante sua ausência. É muito importante saber que tão importante quanto nossa presença, é também nossa ausência, saber ainda qual deve ser o tempo ideal para ausentarmos. Mais uma vez enfatizaremos que para capacitar, é necessário investir em treinar e treinamentos, somente após é que cada liderado poderá revelar plenamente o seu valor.

Sabemos que a presença do líder em alguns momentos inibe o potencial de sua equipe e somente quando nos fazemos ausentes, é que damos a oportunidade desse potencial se despontar em nossa equipe. Também será nesse momento que poderá despontar a inabilidade, negligência, irresponsabilidade de alguns, seja para ser um líder ou para trabalhar junto à equipe. Lembrando que antes de partirmos para exclusão ou mesmo para o campo de recriminação, devemos em primeiro lugar integrar esse membro inábil, pois como já dissemos, cada pessoa tem o seu tempo de aprendizagem e assimilação, e se alguém se demonstrou inábil, negligente, incapaz ou irresponsável, a primeira responsabilidade é nossa como líder, pois não identificamos antes.

Por este motivo, é que o tempo de ausência de um líder não deve ser prolongado. Não temos como apontar um período mínimo, pois existem diversas variantes e cada caso pode ser um caso diferente, denotando um tempo diferente. Nossa sugestão é que o tempo de ausência seja baseado na experiência que o líder tem de sua equipe. É justamente essa experiência e conhecimento de sua equipe que poderá apontar o tempo ideal de ausentarmos estrategicamente, possibilitando assim, que eles tenham um tempo necessário para realizar o que foi estipulado.

É após o nosso retorno, não deveremos abrir mão de fazer uma avaliação individual ou conjunta desse tempo de ausência. De nada adiantará se após nosso retorno, não houver uma avaliação de nossos liderados, onde poderá ser apontado os erros e acertos cometidos, bem como será uma excelente oportunidade de regozijarmos junto aqueles que cumpriram seu papel com zelo em nossa ausência, bem como também será uma boa oportunidade de corrigirmos aqueles que foram negligentes. No entanto, devemos fazer isso com amor no coração.

A correção deve ser destacada como oportunidade de melhorias e devido a este fator, também deve ser comemorada, porque no mínimo, mesmo o mais negligente, pode sentir o peso da responsabilidade que paira sobre nossos ombros. Então, o caminho e preparar e investir em mais treinamentos. No entanto, se a pessoa negligente se revelou má, opositora, não coaduna com nossos ideais e ideias, inevitavelmente devemos abrir mão dessa pessoa na equipe, pois ele poderá fermentar toda a massa (equipe).

Repetimos que tão importante quanto nossa presença é nossa ausência, apesar de que haver algumas situações que só poderão ser bem resolvidas com nossa presença, no entanto, não devemos pensar que tudo o que acontece com nossa equipe, poderá ser resolvido com nossa presença, isso seria presunção.

Quando analisamos mais detalhadamente o ministério terreno de Jesus, veremos que ele mesmo esteve ausente em determinadas circunstâncias de seus discípulos e seguidores e isto, a meu ver, teve como finalidade educativa para que eles pudessem crescer.

Tão certo que a ausência intencional de Jesus é educativa e com propósito para crescimento que a maior de sua ausência (física e não espiritual) foi ele ter subido aos céus, dando-nos a oportunidade de demonstrar nossa fidelidade a ele, nossa obediência a sua palavra, nossa obediência à suas instruções, a oportunidade de influenciar outras pessoas com nosso exemplo de vida e onde temos a oportunidade de revelar o oculto em nossos corações.

Se voce observou bem, esses cinco pontos apontados na ausência de Jesus, são os cinco benefícios descritos neste tópico.

Terceira Parte

Administração na Igreja

Conceito geral de administração eclesiástica

Iniciamos esta terceira parte abordando mais especificamente sobre a administração eclesiástica, apesar de que ao longo destas páginas, vemos a medida do possível, apontando para isso. A pergunta mais lógica a ser formulada neste momento seria: o que é administração eclesiástica? Como resposta direta, poderemos dizer que a administração eclesiástica pode ser considerada o estudo dos diversos assuntos ligados ao trabalho desempenhado pelo pastor como líder ou como o principal administrador da igreja, a qual ele serve para garantir o mantimento e crescimento da comunidade cristã ou igreja.

Lembrando aqui que a igreja não é apenas uma construção de ferragens com paredes, tijolos, cimento e areia, mas é um organismo vivo que faz parte do corpo de Cristo, mas também é uma instituição que tem objetivos definidos. No entanto, o aspecto da instituição chamada igreja, difere das demais instituições seculares existentes, pois na igreja, o povo de Deus encontra-se organizado pelo aspecto espiritual e não, social e econômico.

Apenas a título de comparação para melhor esclarecimento, veremos que na instituição secular quando negligenciamos em nossos horários, deveres, afazeres, não respeitando uma ordem direta, dando mais credibilidade ao concorrente e deixamos de ser produtivos, certamente corremos o risco de ser demitido quase que imediatamente, quando não muito, estaremos encabeçando uma lista negra empresarial.

Já o mesmo posicionamento na instituição chamada igreja, apesar de algumas vezes também negligenciarmos horários, deveres, afazeres, achar que a outra igreja é melhor que a sua e deixarmos de ser produtivos, ao invés de sermos demitidos na primeira oportunidade, poderemos receber um "aviso prévio" podendo esse ser revogado, pois a igreja priorizará em se posicionar em restaurar a pessoa, fazendo-a rever sua atual postura, exortando a reafirmar seu compromisso com Cristo. Aqui, a igreja cumpre o que está escrito em 2 Tm 3.16: *"Toda a Escritura é inspirada por Deus e útil para o ensino, para a repreensão, para a correção, para a educação na justiça"*.

Analisemos o que este versículo nos diz. O autor ao escrever que *"toda a Escritura é inspirada por Deus"* quer dizer que o tanto o Antigo Testamento como o Novo Testamento são inspiração divina. Devendo aqui salientar o fato de que a inspiração divina é aplicada somente aos manuscritos bíblicos originais e não àqueles que escreveram, ou seja, seus escritores.

Kelly nos informa que "o adjetivo traduzido inspirada por Deus (Gr. Theopneutos) não ocorre em qualquer outra parte da Bíblia Grega" e "expressa com exatidão o conceito da inspiração ao A. T. que prevalecia entre os judeus do século I[26]". Lembrando que a palavra inspirada se refere à influência sobrenatural do Espírito Santo sobre os escritores, conforme nos lembra Wiersbe[27].

Radmacher, Allen e House explicam ainda que "a palavra grega theopneutos significa soprada por Deus – de theos (Deus) e peno (soprar)... É este o principal sentido: Deus não somente inspirou os autores que escreveram as palavras da

---

[26] KELLY, J. N. D. – I e II Timóteo – Introdução e Comentário, Editora Vida Nova, São Paulo, 2008, pág. 187
[27] WIERSBE, Warren W. – Novo Testamento 2 – Comentário Bíblico Expositivo, Geo Gráfica e Editora Ltda, São Paulo, 2006, pág. 328

Bíblia, mas também ilumina aqueles que a leem com o coração cheio de fé"[28].

O versículo ainda nos informa que é *"útil para o ensino"*, dizendo aqui que os escritos vetero e neotestamentário, trazem ensinamentos divinos e é o ensino correto da doutrina cristã necessária que possamos aplicar em nossas vidas. O ensino aqui pode ser visto como doutrinar. MacArthur ainda nos ensina que "a palavra grega traduzida por 'ensino' (didaskalia) faz uma referência primária ao conteúdo do ensino, em vez de ao processo do ensino. Isto é, a Escritura é o manual da verdade divina, segundo a qual a nossa vida precisa ser governada"[29].

O versículo ainda nos diz que é útil para a repreensão. Repreender segundo definição do Dicionário Aurélio é "advertir, censurar ou admoestar com energia". Isso quer dizer apenas que toda Escritura, ou seja, a Bíblia tem a capacidade de repreender, censurar as pessoas por sua crença equivocada e até mesmo em sua má conduta, expondo o pecado para que possa

---

[28] RADMCHAER, Earl D., ALLEN, Ronald B., HOUSE, H. Wayne – O Novo Comentário Bíblico Novo Testamento com recursos adicionais, Editora Central Gospel, Rio de Janeiro, 2010, pág. 614

[29] MACARTHUR, John – Nossa suficiência em Cristo – Três influências letais que minam a sua vida espiritual, Fiel Editora, São Paulo, 2013, pág. 113

ser tratado através da confissão, arrependimento e mudança de atitude.

A correção citada neste versículo nos remete à restauração de algo. As Escrituras não só repreendem a conduta errada adotada pelas pessoas, convencendo-as de seus erros, como também aponta o caminho certo, exortando a correção e ou a restauração de algo em sua devida condição anterior, fazendo o que é certo. Corrigir é também disciplinar, endireitar, pois ela reprova o pecado e o erro, por este motivo, ela é útil para repreender a má conduta e confrontar o falso ensino.

MacArthur nos esclarece nos informando que "a palavra grega traduzida por 'correção' (epanorthõsis) literalmente significa 'endireitar' ou 'erguer'. Em outras palavras, a Escritura nos restaura a uma correta postura espiritual" (pag. 116).

> Dois aspectos da repreensão são evidentes na Escrituras: repreensão da conduta pecaminosa e repreensão do ensino errôneo. Paulo instruiu a Timóteo, que estava tentando purificar a igreja em Éfeso 'Prega a palavra, insta, quer seja oportuno, quer não, corrige, repreende, exorta com toda a longanimidade e doutrina' (2 Tm 4.2). O propósito primário que ele tinha em mente era a repreensão da conduta pecaminosa. Timóteo deveria pregar e aplicar a Escritura de modo que as pessoas deixassem o pecado e andassem em santidade, mesmo estando por vir o tempo

quando a maioria das pessoas não toleraria tal pregação (v. 3)[30].

Ao se referir à educação na justiça, quer dizer que as Escrituras fornecem a pessoa uma conduta piedosa para a educação cristã para que ela possa permanecer no caminho correto. "Instruir refere-se a ensinar a um novato ou uma criança... O conhecimento completo que não promova mudança de vida de uma pessoa é inútil".

> A Escritura educa na justiça. 'Educação na justiça' (2 Tm 3.16) é outro processo pelo qual a Palavra de Deus transforma nosso pensamento e nosso comportamento.
> A palavra grega traduzida por 'educação' é paideion. Esta palavra pertence à família de paidion, que, em outros lugares do Novo Testamento, se traduz por 'criança' ou 'crianças' (por exemplo, Mt 14.21; Mt 5.39). Assim, este versículo mostra Deus treinando os crentes como um pai ou um professor treinaria uma criança. Desde a infância espiritual até à maturidade espiritual, a Escritura treina e educa os crentes no viver santo[31].

---

[30] Idem, pág. 114

[31] MACARTHUR, John – Nossa suficiência em Cristo – Três influências letais que minam a sua vida espiritual, Fiel Editora, São Paulo, 2013, pág. 116,117

Dito isso, é um erro pensar que a instituição igreja não deve aplicar medidas disciplinares quando necessário, no entanto, como podemos ver, o objetivo sempre será a restauração e nunca exclusão, isto em outras palavras quer dizer apenas que o objetivo final da igreja será sempre aperfeiçoar os santos para a obra do ministério. É claro que pode haver caso em que a exclusão do rol de membros deve ser aplicada.

Em se tratando de administração eclesiástica, o maior exemplo que podemos citar é o de nosso senhor Jesus Cristo, pois ele é e deve ser o modelo, a referência para todos os líderes cristãos independente de sua denominação.

Jesus afirmou que é o bom pastor que dá a sua vida pelas ovelhas em Jo 10.11 e três versículos após ele diz: *"Eu sou o bom Pastor, e conheço as minhas ovelhas, e das minhas sou conhecid*o" (Jo 10.14). Isto quer dizer que ele (Jesus) conhece intimamente as suas ovelhas e seu amor por elas. Embora estejamos nos referindo a coletividade, Jesus as ama individualmente, ele conhece cada um de nós de forma individualizada. É por este motivo que ele dá a sua vida por nós e é através de sua morte que nós conseguimos salvação na vida eterna.

Nós como ovelhas de Cristo o conhecemos, não simplesmente utilizando nossa inteligência natural, não apenas por ler os escritos sagrados, porque muitos já leram e ainda não conhecem verdadeiramente a Jesus Cristo. Nós o conhecemos devido ao convencimento do Espírito Santo, sabendo que ele é nosso único salvador, por sentirmos o seu amor por nós e por procurarmos ter um relacionamento mais íntimo com ele, apesar de sermos seres imperfeitos que ainda cometem erros.

Essa analogia de Jesus ser o nosso bom pastor é adequada, porque os pastores colocavam a segurança de suas ovelhas acima da sua própria segurança. Isto pode ser visto quando em 1 Sm 17.34,35: *"Então disse Davi a Saul: Teu servo apascentava as ovelhas de seu pai; e quando vinha um leão e um urso, e tomava uma ovelha do rebanho, eu saia após ele e o feria, e livrava-a da sua boca; e, quando ele se levantava contra mim, lançava-lhe mão da barba, e o feria e o matava"*.

Cuidar do rebanho é uma tarefa nobre dada por Deus ao homem. Esta tarefa representa grande responsabilidade, pois estamos lidando com almas encaminhando-as para a vida eterna. Embora as questões espirituais devem sobrepor os interesses da igreja, existe o lado humano que não pode ser desprezado, pois é da competência humana, organizar a própria igreja, pois se pertencermos a uma igreja desorganizada, naturalmente, teremos um rebanho cheio de carência e mau assistido.

Apesar de termos como senso comum de que todo pastor de igreja é um perito em liderar a igreja, poderemos perceber que nem todos os pastores se sentem aptos a administrar a igreja como uma instituição. Administrar é fazer com que as coisas funcionarem e torná-las eficientes e eficazes; é saber administrar o tempo, evitando choramingar a falta dele. Existe diferença entre estar ocupado e ser produtivo.

Normalmente costumamos pensar que quando estamos ocupados, cremos que estamos realizando alguma coisa, mas infelizmente nem sempre isto é verdade, pois estar ocupado não está relacionado em ser produtivo ou mesmo se equipara a produtividade, estar ocupado não é realizar, pode ser simplesmente estar desenvolvendo uma atividade.

Conhecendo esse exemplo bíblico de como agem os pastores de ovelhas, temos a capacidade de compreender melhor essa analogia que Jesus se refere de si mesmo, chamando-se de o bom pastor. Todo cristão sabe que Jesus deu sua vida por cada um de nós para que pudéssemos encontrar a verdadeira salvação.

Isto ainda nos traz responsabilidades ainda maiores, pois como representantes de Cristo na terra, devemos ser como o bom pastor sendo no mínimo um bom administrador, um bom mordomo das coisas de Deus e para ser um bom administrador e mordomo, devemos ser fiéis. Essa fidelidade pode ser visualizada na parábola dos talentos descrito em Mt 25.14-30, cujo senhor deu os recursos necessários a seus servos para que usassem sabiamente.

O bom mordomo dos recursos de Deus, possui atribuições diversificadas como administrar os sacramentos, instruir, orientar, supervisionar as atividades da igreja, orar pelo seu rebanho e também junto com seu rebanho, prestar assistência pastoral, exercer as suas funções com zelo, invocar a benção apostólica sobre o povo de Deus e acima de tudo, pregar o Evangeho. Salientando que cada um de nós independente das atribuições acima mencionadas, devemos saber que cada um de nós é um administrador dos recursos espirituais que Deus nos tem confiado.

Deus nos deu inteligência, entendimento e dons para que tivéssemos a capacidade de conduzir o corpo de Cristo aos propósitos para o qual a igreja veio à existência que é conduzir o homem a Deus. Essa condução será possível através da edificação, do conhecimento da Palavra, da unidade do povo de Deus, de treinamentos, firmeza na fé e postura de caráter. A igreja é o projeto de Jesus.

> A igreja é o projeto de Jesus para ligar e desligar pessoas no céu (Mateus 16.19). Liga-se no céu quem ouve o evangelho e responde ao seu convite... A igreja é o projeto de Jesus para manter as pessoas conectadas ao alvo da vida, que é crescer em direção à perfeição, ter a mente de Cristo, pensar nas coisas que são de cima e ter a estatura de Jesus Cristo...
> A igreja, portanto, é o projeto de Jesus para permitir que as pessoas sejam estimuladas a viver da sua Palavra no caminho da maturidade doutrinária e emocional.
> A igreja é o projeto de Jesus para sustentar as pessoas, por meio do interesse de uns pelos outros, interesse esse manifesto no amor fraternal e na oração intercessória...
> A igreja é um projeto de Jesus. Ou será que ele estava errado? Paulo achava que não. Sua vida foi transformada por um encontro pessoal com Jesus[32].

---

[32] AZEVEDO, Israel Belo de - Gente cansada de igreja, Editora Hagnos, São Paulo, 2010, pág. 38-40

Seguindo o esboço apresentado por Rick Warren, a igreja de Cristo tem cinco propósitos: amar a Deus de todo o coração, amar o próximo como a si mesmo, ir e fazer discípulos, batizar e ensinar a obediência[33]

Pelos propósitos apresentados, vemos que todos nós temos a capacidade ou alguma capacidade de exercer liderança e ou influência. No entanto, é viável dizer que nem todos apresentam um perfil para exercer a liderança eclesiástica, mas tem o perfil necessário para ser líder, porque quem estabelece a liderança eclesiástica é Deus e não o homem.

---

[33] WARREN, Rick – Uma igreja com propósitos, Editora Vida, São Paulo, 2008, pág. 92-

A relação igreja e pastor

Existe um dito popular que normalmente a igreja é a cara de seu pastor, isto nos mostra duas coisas: primeiro, que os pastores procuram moldar a igreja a qual está sob sua responsabilidade, segundo suas convicções tanto bíblicas como pessoais, fazendo-as parecerem mais com eles. Talvez seja este o motivo de fazermos uma comparação entre uma igreja e outra. Pode-se encontrar semelhanças em diversos aspectos e setores, no entanto, também encontraremos aspectos que diferenciam uma da outra; é o toque especial para não dizer pessoal, que não apenas os pastores, mas todo o líder em geral, procura dar. Segundo, mostra aqui o relacionamento íntimo entre uma instituição e um ser humano, ou seja, aponta uma relação entre igreja e pastor.

Então, a pergunta a se fazer neste momento será: Como deve ser a relação entre igreja e pastor? Uma resposta direta, necessitaria citar inicialmente que a igreja é composta de pessoas que receberam o chamado de Deus para a salvação, formando a eklesia que procura cumprir a grande comissão dada por Jesus Cristo, adorando e louvando o verdadeiro Deus vivo.

Portanto, os santos devem cumprir seu comissionamento estendendo o chamado de dentro da igreja para fora, para o mundo e ela responde a estas demandas, mesmo que não seja a largos passos como deveria ser.

Outro aspecto de como deve ser a relação entre igreja e pastor, é que a igreja como um todo, como uma instituição viva, deve tratar o seu pastor com amor, respeito, autenticidade, boa-fé; franqueza, lealdade; honradez e transparência tanto no Espírito como em suas ações. Certamente deve ser um relacionamento de amor, sinceridade, respeito; de exortação e confrontação quando necessário, pois se o próprio Deus corrige àquele a quem ama conforme está escrito em Hb 12.6,7; então porque não faríamos o mesmo?

A igreja também precisa ver em seu pastor o chamado dele para o ministério, identificar-se com ele e acima de tudo, esta relação deve ser de uma profunda aceitação em Cristo Jesus. Igreja e pastor devem se alegrar em Jesus Cristo. Este é o ponto inicial para ambos.

Na carta aos Hebreus encontramos as seguintes palavras: *"Obedecei a vossos pastores, e sujeitai-vos a eles; porque velam por vossas almas, como aqueles que hão de dar conta delas;*

para que o façam com alegria e não gemendo, porque isso não vos seria útil" (Hb 13.17). Estas palavras dizem que como membros vivos de uma igreja, devemos prestar obediência e submeter à liderança de seus pastores. A relação igreja e pastor é uma relação de comprometimento com aquele que os chamou, por este motivo, deve existir uma cumplicidade entre a igreja, o pastor e Jesus Cristo.

Esta cumplicidade entre igreja e pastor devem se complementar, caminhando lado a lado em um mesmo sentido, pois é o Espírito Santo de Deus que conduz tanto a igreja como seu pastor ao caráter de Cristo. Está escrito: "*Sede meus imitadores, como também eu sou de Cristo*" (1 Co 11.1). Esta exortação é justificada pelo fato de que os líderes espirituais tinham de procurar ser o mais semelhante possível de Cristo para serem seguidos. Deve haver convergência e não divergência, sendo esse um dos motivos, para não haver discórdia entre igreja e pastor.

Tanto a igreja como o seu pastor devem se alimentar das Sagradas Escrituras, submetendo a autoridade que a igreja tem de nosso Senhor Jesus Cristo. Isto nos mostra que ambos, igreja e pastor compartilham uma experiência em comum e devem viver, acima de tudo, para a glória de Deus.

O pastor, por sua vez, deve ver a igreja não apenas como um templo, como uma construção cercada por quatro paredes, onde pessoas se reúnem constantemente, mas como o corpo vivo de Cristo, uma assembleia dos santos, uma comunidade dos servos do Deus Altíssimo, uma comunidade da fé e esperança que leva Jesus ao mundo. A todo o momento, o pastor deve ser um servo de Jesus, pois foi chamado por ele para servir à sua igreja, pregando e ensinando as verdades das boas novas do Evangelho e para isto, o pastor deve ser vocacionado por Deus, membro e líder da igreja, para exercer o seu ministério.

Lembrando que no sentido mais amplo, a igreja e o pastor devem na realidade ser pastoreados pelo Senhor Jesus, o que implica dizer que ambos devem trabalhar lado a lado, porque tanto a igreja como os seus pastores, pertencem e são rebanhos do Bom Pastor que é Jesus Cristo. Este deve ser um dos motivos para que igreja e pastor possam se jubilar por estarem nele na obra de Cristo realizada na cruz do Calvário e na sua ressurreição que nos garante que Jesus é o Senhor, que suas palavras se cumprirão integralmente, que ele há de nos julgar e que apenas nele encontramos a salvação eterna.

O pastor Isaque Nunes Pinheiro diz que a relação existente entre o pastor e sua igreja, deve ser:

> De absoluta lealdade e fidelidade à Palavra de Deus, além do cultivo de uma relação repleta de amor, carinho, camaradagem, respeito, obediência, etc., conforme preceitua o ensino da Palavra de Deus em Hebreus 13.17: *"Obedecei a vossos pastores, e sujeitai-vos a eles; porque velam por vossas almas, como aqueles que hão de dar conta delas; para que o façam com alegria e não gemendo, porque isso não vos seria útil"*[34].

---

[34] PINHEIRO, Isaque Nunes – Doutrinas Bíblicas – Perguntas e Respostas sobre Teologia Sistemática – Para Pastores e candidatos ao Ministério Pastoral, 1997, pág. 187

Objetivos e metas da igreja

Após vermos a relação igreja e pastor, é interessante neste momento, abordarmos um pouco sobre os objetivos e metas da igreja, pois apesar de ambos estarem relacionados, já havemos apontado alguns objetivos. Inicialmente reafirmamos que a igreja, assim como qualquer organização secular, tem seus objetivos e metas estabelecidos mesmo que não sejam divulgados explicitamente, preocupa-se com os objetivos iniciais que é aquilo que precisa ser feito. Estando mais diretamente relacionado à missão, ao ensino da Palavra para edificação da igreja – ou seja, de cada um dos membros, não estando aqui falando da edificação que chamamos igreja – adoração a Deus e evangelismo.

Os objetivos que poderemos citar como meio, está relacionado com aquilo que deve ser feito para que os objetivos iniciais sejam alcançados. Aqui é onde estão todas as responsabilidades desempenhadas, onde cada departamento procura fazer a sua parte, a fim de que os pastores tenham condições de realizar a atividade inicial a qual a igreja se propõe.

Alguns exemplos podem ser citados para melhor entendimento. Iniciamos com o trabalho mais braçal, porém não menos importante e edificante que é a limpeza do chão, das cadeiras, paredes, dos banheiros, enfim de toda a igreja, a verificação se os banheiros têm papel higiênico suficiente, sabonete, etc. Essa tarefa em diversas igrejas é realizada por voluntários ao invés de uma empresa prestadora de serviços, excetuando aqui as igrejas que possuem condições de renumerar alguém para desempenho dessa tarefa.

Outros exemplos ainda podem ser apresentados como aquele que se ocupa em garantir o funcionamento da igreja para que os irmãos ao chegarem para o culto, possam sentir-se em um ambiente mais acolhedor, evitando ainda o desperdício de energia elétrica, de água. Ainda encontra-se nesta relação, ministros de louvor, professor da Escola Dominical, secretários, missionários, intercessores, entre outros.

Todas essas atividades por mais insignificante que possa parecer para alguns e ou desconsideradas por outros, é desempenhada visando atingir o objetivo da igreja que se resume em três palavras: edificar adorar e evangelizar. Na adoração, a igreja instrui e orienta os homens na adoração de

Deus, rendendo louvores exclusivamente a Ele e a Jesus Cristo. Adorar é render culto, reverenciar, venerar, amar extremamente. Uma passagem no livro de Apocalipse expressa esta verdade: *"Digno és, Senhor, de receber glória, e honra, e poder; porque tu criaste todas as coisas, e por tua vontade são e foram criadas"* (Ap 4.11)

Na edificação, a igreja procura ensinar a Palavra de Deus, discipulando, preparando-os para receber o batismo, aperfeiçoando os santos, fortalecendo nossas convicções de fé para que esses produzam frutos ao Senhor, ajudando o homem natural conhecer seus deveres e responsabilidades como filho de Deus, contribuindo assim para o crescimento no caráter. Vemos que Jesus dispensou tempo para ensinar durante seu ministério terreno: Mt 28.20 está escrito: *"Ensinando-os a guardar todas as coisas que eu vos tenho mandado; e eis que eu estou convosco todos os dias, até a consumação dos séculos. Amém"*.

Cl 3.16: *"A palavra de Cristo habite em vós abundantemente, em toda a sabedoria, ensinando-vos e admoestando-vos uns aos outros, com salmos, hinos e cânticos espirituais, cantando ao Senhor com graça em vosso coração"*.

Evangelizar é difundir e pregar o Evangelho e o seu poder para todos, pois esta é a grande comissão que Jesus nos deixou: *"Portanto ide, fazei discípulos de todas as nações, batizando-os em nome do Pai, e do Filho, e do Espírito Santo"* (Mt 28.19). Na evangelização, ajudamos as pessoas a conhecer o poder e amor de Deus por nós, o sacrifício vicário de Cristo que foi nossa propiciação, dando-nos recursos de conhecer o caminho de redenção de nossos pecados por intermédio de Jesus Cristo, possibilitando com isso, que a pessoa possa adquirir uma perspectiva para ver sua vida como o início de uma existência eterna.

A igreja nos ajuda ainda a conhecer as verdades bíblicas, ministrar aos doentes, aflitos, mostrando que eles não estão sós, isolados, apesar de se sentirem sozinhos, incentiva-os a adorar a Deus, renovando suas forças, lembrando que milhares de pessoas espiritualmente encontram-se reunidas com o mesmo propósito e por este motivo, sempre dentro do círculo da igreja, encontrará ombros amigos, ajudando-os a vencer esse sentimento de isolamento, medo e frustração, por intermédio de Jesus Cristo.

A igreja ajuda ainda as pessoas a serem líderes, fazendo-as conhecer seus deveres e responsabilidades como filhos de Deus na terra, a se tornarem mais capazes, mais corajosas e a se tornarem melhores do que poderiam ser sozinhas, incentivando-as, admoestando-as a evitarem o pecado e terem uma vida de fé em Jesus Cristo.

Como administrar uma igreja com clareza, eficiência e transparência

Liderar é exercer influência, enquanto administrar uma igreja é um serviço de mordomia. Não entendendo aqui o sentido de bem-estar, conforto ou regalia, mas a prestação de serviço atribuído ao cargo de mordomo, ou seja, exercer a mordomia, é exercer o cargo de despenseiro da casa do Senhor. Em Tt 1.7 está escrito: *"Porque convém que o bispo seja irrepreensível, como despenseiro da casa de Deus, não soberbo, nem iracundo, nem dado ao vinho, nem espancador, nem cobiçoso de torpe ganância"*.

Sabemos que administrar bem uma igreja com clareza, eficiência e transparência é um dom divino e este dom é indispensável para o bom funcionamento de qualquer atividade em qualquer ministério dentro ou fora da igreja. Por isso, os pastores devem identificar pessoas com esse dom, qualificá-los para evitar sobrecarga nas atividades pastorais. Para isso, deve-se também procurar ter uma equipe competente, motivada, coesa que possa garantir o bom funcionamento e desempenho das tarefas.

Foi citado que liderar é influenciar, enquanto administrar é um dom. Isso equivale dizer que existe diferença entre essas duas palavras, apesar de que no sentido geral, possamos ver como palavras sinônimas. Alguns exemplos básicos podem nos mostrar que apesar dessas palavras caminharem juntas, no processo geral elas se diferem. O líder procura influenciar, dar direção, mostrando o caminho, motivando a sua equipe para realizar as tarefas, enquanto o administrador procura estruturar, apresentando processos nas etapas e organizando pessoas para que a tarefa seja desempenhada.

Liderança está diretamente relacionado em influenciar pessoas a te seguirem, enquanto gerenciamento e administração está relacionado em manter o sistema e os processos. A melhor maneira de visualizarmos essa diferença e saber se uma pessoa pode liderar ou simplesmente gerenciar, é pedindo para que ela realize uma mudança significativa, que traga um reflexo positivo na instituição. O líder poderá apresentar modificações, mesmo que sejam menos significativas, enquanto as pessoas que são gerentes, na maioria das vezes, não conseguirão apresentar mudanças, mas simplesmente formas de manter o caminho tomado.

Entretanto, para se administrar bem uma igreja com eficiência e transparência, necessário é ter visão e lançar mão de princípios mesmos que seculares para ajudar a vida da igreja em desempenhar melhor o seu papel. Um desses princípios e ou recursos, é ter voz de comando, facilitar a comunicação entre todos, fazendo da maneira mais simples possível, sem querer impressionar as pessoas com palavras difíceis e realizar um planejamento estratégico.

A importância de se ter um planejamento estratégico em uma igreja, seja ele de curto, médio e longo prazo, mostra os objetivos, a missão da igreja e mostra ainda que sabemos onde queremos chegar. Entretanto, aos se comunicar com a igreja, devemos simplificar o máximo possível, lembrando que comunicar não é apenas falar, é ainda como falamos e ao falar, devemos apresentar apenas fatos, para que nossa comunicação continue em alta.

Vale também lembrar que ao nos comunicarmos com a igreja ou com nossa equipe, o objetivo final não é apenas informar, mas também provocar ação e não inércia. É através da comunicação que os líderes conseguem se fazer entender, motivar as pessoas a realizar. Para isso, é preciso ter competência não apenas no falar, mas também em evidenciar o que se diz e aplicar (ação) o que se diz. Não tenha como lema aquele ditado de que "quem espera sempre alcança", pois, a maioria das vezes, quem espera muito, as vezes fica com os restos.

É importante dizer que quando temos visão ou Deus nos concede a visão de nosso ministério, sabemos até onde ir, ou seja, conhecemos nossa capacidade e limites. Quando conhecemos nossa limitação e temos orientação divina, sabemos onde devemos melhorar e não ficamos pensando apenas naquilo que podemos realizar, mas procuramos ir sempre um pouco mais além. Conhecer nossas limitações, se bem canalizadas, pode ser oportunidade única de autossuperação e para nossa melhor capacitação, porque os grandes desafios, normalmente se apresentam onde precisamos de melhorias.

A falta de um planejamento estratégico, aponta para uma igreja que tem uma missão a ser cumprida ditada pelo seu Mestre Maior, entretanto, mostra ser uma igreja reativa, que não possui objetivos claros, com falta de visão em seus valores e a falta de visão nos objetivos, sem metas mensuráveis, não passa apenas de um sonho que poderá ou não ser realizado. O segredo de sucesso é dar instruções claras, motivar as pessoas na hora certa, nomear pessoas certas, para os lugares certos, com as instruções certas.

Não devemos esperar nossos sonhos se realizarem, devemos trabalhar para nossos sonhos se realizarem. Quando seus sonhos se concretizarem, trabalhe por um novo sonho, porque sempre teremos sonhos. Apenas aqueles que não esperam mais nada da vida, não tem esperança, seja ela pessoal, nas pessoas ou mesmo espiritual, são pessimistas e não possuem sonhos a se realizar.

Trabalhar pelo nosso ministério, é minimizar as necessidades constantes do próprio ministério, por isso é sempre bom trabalhar e nunca ficar ocioso, pois como dizem "mente vazia é oficina do diabo". Lute contra essa disposição inata que temos de ficar em nossa zona de conforto, seja um líder proativo ao invés de reativo, que só reage quando o problema está à porta. Exerça positivamente esta influência sobre seus liderados.

Este é um dos motivos pela qual vemos ao longo desta obra reafirmando sempre que possível que os líderes das igrejas, devem investir tempo e recurso necessário para fazer discípulos, treinar outros líderes, formar equipes eficientes e motivadas, evitando assim sobrecarregar alguns poucos obreiros e principalmente eles próprios (os pastores) no desempenho de seu papel.

Somos a favor de uma liderança descentralizada, onde decisões podem ser discutidas e tomadas de forma interdependente com a participação de todos os membros da equipe, no entanto, essa descentralização da liderança, não quer dizer que podem agir como querem, da maneira que julgarem ser melhor, por este motivo, foi acrescentado a palavra interdependente para evitar que a direção principal seja anulada.

Essa função de treinar líderes, tem como objetivo a descentralização do poder, bem como identificar pessoas que tenham o dom de administração, para que sejam alocadas em diferentes ministérios. Essa descentralização, ao contrário do que muitos líderes pensam, é sinal de organização. Como resultado, poderemos colher bons frutos, porque a pessoa que estiver desempenhando bem o seu papel, será um líder e também um administrador.

Vale dizer neste momento que o líder que não se preocupa muito com a organização, eventualmente consegue chegar onde deseja e às vezes consegue realizar o que planeja, porém, não em ordem de prioridade. Diremos que aquele que consegue identificar as prioridades de seu ministério, normalmente trabalha em dobro e realiza pouco.

Entretanto, lembramos que as pessoas que recebem autoridade para realizar determinada tarefa, deve no mínimo ter pré-requisito para exercer essa liderança controlada e acima de tudo, estar comprometido com a obra do Reino, ter boa reputação, sabedoria. Jesus foi o maior adepto da filosofia da descentralização do poder, pois vemos que ele treinou pessoas para isso, dando-lhes poder e disse que aquele que crê nele, faria as mesmas obras que ele fez e as faria maiores: *"Na verdade, na verdade vos digo que aquele que crê em mim também fará as obras que eu faço, e as fará maiores do que estas, porque eu vou para meu Pai"* (Jo 14.12).

Para se liderar e ou administrar eficazmente uma instituição, além do pré-requisito e comprometimento na obra de Deus, ser íntegro, sábio, deve ainda criar a cultura de realizar sistematicamente reuniões objetivas e se possível com uma agenda de atividades que seria muito útil.

A reunião é objetiva quando se monta uma estrutura dos assuntos a serem discutidos. Não se divaga nos assuntos, mas o tratam de forma centrada, dispensando pouco ou médio tempo para cada tópico a ser tratado. No entanto, quando o assunto a ser apreciado denotar tempo maior para se chegar a alguma conclusão eficaz, é sugerido marcar uma reunião específica para isso; porém, não ultrapassando o limite de duas horas, para que a mesma não se tornar enfadonha e improdutiva.

As pessoas que se encontram na reunião, devem por sua vez, virem por prazer em participar, de contribuir com suas ideias, deve fazer isso por amor, procurando antes de tudo, orientação e inspiração divina sendo assim, uma testemunha viva da presença do Espírito Santo de Deus em sua vida em todas as ocasiões.

Outra forma de administrar eficazmente uma igreja é adotar o sistema de prestação de contas, seja ela anexada em um quadro de aviso ou mesmo feita verbalmente, apesar de sabermos que muitas igrejas preferem não realizar tal ação. Se a forma adotada for de anexar às informações em um quadro, é sugerido um relatório simples e de fácil entendimento. Quando se adotar a forma verbal, seja ela feita durante os avisos da igreja, deve se utilizar para isso um tempo mínimo. Nossa sugestão é que não ultrapasse três minutos e para isso, devemos ser sucintos, apontando apenas questões relevantes e disponibilizando um relatório pormenorizado para quem desejar maiores detalhes.

A sugestão de prestar contas, nos remete ao fato de trabalhar dentro de um orçamento financeiro condizente com a igreja, que reflita a visão, os valores da igreja, evitando assim, gastos desnecessários, de forma improvisada ou além das condições reais da igreja. Para gastos extras, é prudente reservar uma soma pré-estipulada, com a apreciação da assembleia e ou diretoria/líderes. A vantagem de se adotar um orçamento financeiro anual, é que ele permite a distribuição dos recursos necessários para ser utilizado em diversos ministérios.

Assim como prestar contas, leva ao orçamento financeiro, o orçamento financeiro nos leva a outro setor que trabalha para igreja, mesmo não sendo parte da igreja que é a contabilidade. Toda igreja deve possuir um contador para manter toda a documentação contábil às mãos sempre que solicitada, mantendo os registros sempre atualizados. Por falta de recursos financeiros, muitas igrejas descartam renumerar um contador, preferindo manter uma pasta com tais registros, mantendo os registros de receitas e despesas, onde ainda guardam os livros de Atas, Registros Cerimoniais e batismo.

Os resultados de uma igreja administrada eficazmente, trazem realização tanto para pastores, líderes e liderados, gera motivação necessária para desempenhar com entusiasmo as tarefas, bem como economia de tempo e dinheiro. A maioria das igrejas, das equipes ministeriais de um modo geral, peca pelo desperdício, pois normalmente ignoram ou dão pouquíssimo valor para as normas de uma boa administração.

Por fim, administrar é um exercício da mordomia e no caso das igrejas é um exercício da mordomia cristã que nos ensina não sermos donos, mas mordomos da dispensa do Senhor Jesus.

Desafios em gerenciar uma igreja

Por mais que evitemos relatar muitas das tarefas assumidas pelos pastores de igrejas, é certo que gerenciar uma igreja é um desafio bem maior do que gerenciar uma empresa. Os desafios diários enfrentados que um pastor tem para gerenciar, são maiores e mais desafiadores do que gerenciar uma empresa secular, porque ele tem que tratar com os fiéis e os incrédulos. Nas empresas seculares, o gerente deve lidar também com os mesmos tipos de pessoas, mas devido à cultura cristã, em diversas situações, os fiéis em Cristo Jesus são mais fáceis de lidar do que os incrédulos, porque eles aprenderam o princípio da submissão às autoridades.

Em uma empresa, o gerente trata dos problemas mais graves, tendo o respaldo de uma pequena equipe que lidera outras pessoas. Essas equipes têm como missão resolver esses pequenos problemas e se encarregar de fazer a máquina funcionar. No entanto, na igreja, nem sempre os pastores têm uma equipe de apoio e quando os problemas surgem, tendo apoio ou não, eles devem ser tratados e resolvidos, mesmo que isso venha a ser uma solução tomada isoladamente.

As maiores questões que costuma vir da membresia, está relacionada à parte operacional que faz a igreja funcionar, como por exemplo, as atividades com relação à limpeza do templo e dos banheiros, organização de salas de aula, algumas vezes a manutenção das instalações elétrica, hidráulica, preparo do salão para os encontros ou festejos, entre outras coisas.

O desafio operacional quando a igreja é pequena e não tem condições financeiras em ter seu quadro funcional alguém que possa tratar desses assuntos, pode ser penoso para alguns pastores, em especial àquele que possui a postura mais democrática e sente dificuldade de utilizar autoridade convidar os irmãos à obra. Naturalmente, devemos ter em mente que convite é diferente de convocação e às vezes, esse receio de não querer incomodar, pode postergar a situação, transformando esse pequeno problema em médio ou grande problema. Isso, descartando a hipótese de levar os membros a se acostumarem com a situação, chegando ao ponto dos membros se desinteressarem, nessas pequenas coisas e em médio ou longo prazo, a igreja, poderá fracassar em sua na liderança, podendo chegar ao ponto de não estar suficientemente adequada a receber o mais ilustre de todos daquela igreja, Jesus.

Neste sentido, exemplificaremos algumas situações que devem ser consideradas e evitadas. A princípio devemos evitar a ênfase que alguns pastores dão a sua autoridade querendo sempre impor sua vontade acima dos demais. Esses mais se assemelham aos tiranos do que realmente pastores. Esse tipo de pastor autoritário, não aprendeu as lições deixadas por Jesus Cristo sobre liderança e por vezes, pode chegar a aplicar o princípio de Maquiavel.

O princípio de Maquiavel nos diz que o fim justifica os meios. Por experiência, sabemos que se aplicarmos esse princípio, certamente, machucaremos muitas pessoas, pois o foco, a atenção está voltada apenas no resultado final, não importando se quebramos algumas regras, seja elas humanas ou divinas. Este é um dos motivos por dizermos que o pastor autoritário se assemelha a um tirano.

Seguido do pastor autoritário, vem outros que dão ênfase ao "eu" e ao seu título. Talvez essa seja uma forma de querer mostrar aos outros que ele é diferente, suficiente e inconscientemente busque nos títulos sua afirmação ministerial. No entanto, é muito bom dizer neste momento que o perigo de buscar afirmação ministerial através de títulos, ou mesmo, crer que título poderá lhe conferir autoridade, pode resultar em soberba e isto trará consequências graves para aqueles que assim pensam, pois, a única coisa que um título pode comprar no meio eclesiástico, é um pouco de tempo para voce poder aumentar ou diminuir sua influência.

A liderança egocêntrica caminha a largos passos em direção ao fracasso em curto prazo. Ao invés de mostrar ou apresentar títulos, mostre e demonstre atitudes altruístas, frutos do Espírito. A sociedade dos dias de hoje, não tem mais espaço para o "eu faço", "eu posso", "eu faço acontecer", "eu quero". A sociedade valoriza o nós, o trabalho em equipe, o "nós fazemos", "nós queremos", "nos podemos", mas estes "nós" deve estar sob a vontade de Deus.

Outro exemplo que deve ser considerado, é a capacidade que alguns pastores têm em negligenciar a organização a qual pertence no modo micro, apenas pensam em modo macro. Caso voce tenha dificuldade de visualizar, coordenar e discutir os detalhes do que se propõe, identifique alguém com essa habilidade e trabalhe junto a essa pessoa. Trabalhar junto à outra pessoa, é bíblico e também útil quando gerenciamos algo: *"Melhor é serem dois do que um, porque têm melhor paga do seu trabalho*" (Ec 4.9). Creio que parafraseando esse versículo, diz um ditado popular: "duas cabeças pensam melhor do que uma".

Contudo, existem pessoas que gostam de trabalhar sozinhas, no entanto, em uma empresa ou instituição, não existe lugar para individualidade, mas para coletividade. O motivo de alguns se esforçarem em trabalhar sozinhos, pode ser movido pelo receio de perder sua colocação, porém, isso não deve acontecer nas igrejas. O líder cristão deve entender que em se tratando de igreja, sempre poderá haver a possibilidade de encontrarmos alguém melhor que nós em alguns ou muitos sentidos. Lembre-se que a autoridade lhe foi concedida por Deus, e somente Ele é quem pode lhe tirar, mas isso, só será feito se voce começar a agir contra a vontade de Deus, assim, como fez o rei Saul.

Poderemos encontrar alguém que tem o dom da oratória com boa argumentação, que toca, canta e ou ensina melhor que nós. O detalhe aqui é que não devemos ter receio de perder a colocação que nos encontramos. Devemos procurar ver essa pessoa como um exemplo a ser seguido, trazendo para nosso convívio, aprendendo com ele ou ela, fazendo dessa pessoa um parceiro ao invés de rival e não nos sentirmos ameaçados por ela.

As duas faltas a seguir, costumam ser os maiores exemplos para que uma liderança cristã alcance o fracasso: é a falta de criatividade e a falta de exemplo. A falta de criatividade levará nossa liderança à mesmice, enquanto a falta de exemplo pode ter um efeito mais devastador ainda. Quando assumimos um compromisso e não o honramos, estamos dando um mau exemplo, que não deve ser seguido, assim também quando prometemos algo e não cumprimos, marcamos horário e não o respeitamos, entre outros, são demonstrações de péssimos exemplos.

O líder cristão que apresenta falta de exemplo, promete e não cumpre, assume um compromisso e não o honra, marca horário e não o respeita, fala que faz e não faz, é um típico modelo que chamamos de líder farisaico, cuja vida não condiz com aquilo que prega. A passagem abaixo retrata bem essa situação:

> *Então falou Jesus à multidão, e aos seus discípulos, dizendo: Na cadeira de Moisés estão assentados os escribas e fariseus. Todas as coisas, pois, que vos disserem que observeis, observai-as e fazei-as; mas não procedais em conformidade com as suas obras, porque dizem e não*

fazem; pois atam fardos pesados e difíceis de suportar, e os põem aos ombros dos homens; eles, porém, nem com o dedo querem movê-los; e fazem todas as obras a fim de serem vistos pelos homens; pois trazem largos filactérios, e alargam as franjas das suas vestes, e amam os primeiros lugares nas ceias e as primeiras cadeiras nas sinagogas, e as saudações nas praças, e serem chamados pelos homens; Rabi, Rabi. Vós, porém, não queirais ser chamados Rabi, porque um só é o vosso Mestre, a saber, o Cristo, e todos vós sois irmãos. E a ninguém na terra chameis vosso pai, porque um só é o vosso Pai, o qual está nos céus. Nem vos chameis mestres, porque um só é o vosso Mestre, que é o Cristo. O maior dentre vós será vosso servo. E o que a si mesmo se exaltar será humilhado; e o que a si mesmo se humilhar será exaltado (Mt 23.1-12).

Após tudo o que dito, o maior desafio em gerenciar uma igreja, é encontrar o equilíbrio, principalmente de nossos desejos e necessidades. Lembrando que a diferença entre desejo e necessidade, é que o desejo é algo que queremos para nossa satisfação, enquanto necessidade é aquilo que precisamos realmente.

Somos os únicos responsáveis por aquilo que Deus tem colocado em nossas mãos, por isso, devemos buscar o equilíbrio das coisas, para não sermos radicais ou extremistas. Projetos e sonhos sempre existiram, mas devemos nos perguntar se desejamos que eles se tornem realidade, se é motivado pelo desejo ou pela necessidade.

Sintomas de esgotamento em pastores

Já há algum tempo, vemos nos meios sociais que existe uma preocupação crescente sobre o tema esgotamento físico e mental, que vem assolando todos os tipos de pessoas, sejam eles jovens ou adultos. Esse quadro chegou a nossas casas, as escolas, no trabalho com o título de estresse; no entanto, dizer que o estresse chegou apenas a esses lugares, seria querer tapar o sol com a peneira, pois sabemos que dentro de nossas igrejas, o estresse algumas vezes recebe o título de esfriamento da fé, cansaço da igreja, volta para o mundo ou simplesmente esgotamento mental e espiritual.

Entretanto, devemos considerar que nem sempre o estresse é o vilão da qual todos nós imaginamos, pois, esse quadro faz parte do cotidiano do ser humano. Em uma situação de estresse, garante-se a sobrevivência de uma pessoa. A pessoa sob estresse, ativa seu sistema de defesa em situações de risco, contudo, nem sempre são perigosas porque pode haver estresse em momentos de alegria, onde o organismo reage a tal impulso.

No entanto, quando resolvemos falar em sintomas de esgotamento físico e mental apresentado por alguns de nossos pastores, a maioria das vezes, parece ser ainda um tabu dentro de nossas igrejas, mesmo que reconheçamos que eles se desdobrem para realizarem as tarefas da qual poderíamos ajudar ou que estejam sobrecarregados. Contudo, o que tem ainda contribuído para aumentar essa sobrecarga que leva nossos pastores ao estresse, é que com o advento da internet, a globalização, o crescimento da ciência entre outras coisas no mundo atual, nossos pastores necessitam se atualizarem para não se tornarem retrógrados, inclusive atualizando seus sermões com os acontecimentos recentes que foram destaques na mídia e isto, tem exigido deles, opinarem e ajudarem nossas ovelhas a tomarem decisões que antes não eram ao menos cogitadas.

No mundo moderno, atualmente temos visto que a cada dia fica mais comum em nossas igrejas, lidar com assuntos como: sexualidade dos filhos, adultério entre casais, aconselhamento de casal, violência, desemprego, desigualdade social, drogas lícitas e ilícitas, abandono familiar e etc. Os pastores desse mundo pós-moderno além de tratarem dessas questões e outras não listadas, como mortalidade, suicídio, apostasia, incredulidade e etc., precisam pedir a Deus para lhes darem sabedoria e desenvolver habilidades para que assim, possam atender as demandas das necessidades e desejo do homem moderno.

No entanto, a maior luta que nossos pastores enfrentam é o tempo, pois às vezes, o dia de vinte quatro horas parece curto para atender todas as demandas. Sobre este assunto, citamos o Pastor Silas Malafaia que assim se expressou:

> Vivemos em uma época em que se tem pressa. Muitas coisas são praticamente instantâneas; a sociedade em que nos encontramos exige tudo muito rápido – alimentação, comunicações, transportes, bem como soluções para muitos aspectos da vida. Temos hoje a impressão de que o tempo voa, e acabamos sendo envolvidos por ele na mesma velocidade. Nossas prioridades passaram a ser comandadas pelo tempo[35].

O fato é que direta e indiretamente, tanto a sociedade como a igreja têm cobrado cada vez mais de nossos pastores, uma posição de um super-herói, sem perder aquela pureza de coração dramatizada nas telas de cinema e TV. É exigido ainda que os pastores tenham uma mente aberta, seja erudito com condições de tratar de qualquer assunto que possa lhe ser apresentado; seja inatingível como se tivesse um campo de força

---

[35] MALAFAIA, Silas – Prepare-se para a volta de Jesus – Editora Central Gospel, Rio de Janeiro, 2017, pág. 5

invisível ao seu redor, para que nada tenha o poder de penetração, impedindo assim, que possa desestruturar sua conduta e quando possível, possa em algum momento, estender esse campo de força ao nosso redor, para nos proteger.

Sabemos que não existe pastor super-herói e também sabemos que todas essas expectativas esperadas de nossos pastores são impossíveis de serem encontradas em uma única pessoa. A verdade é que como seres humanos, todos nós, sem exceção, inclusive os pastores nunca conseguiremos atender todas as exigências que o mundo em geral espera de nós, não excluindo aqui a igreja, sendo essa que tem maior expectativa sobre seus pastores.

Existe um dito popular que diz que "nem Jesus Cristo agradou a todos" e essa pode ser a válvula de escape para justificar os anseios não atendidos. Esse dito perderá sua argumentação em se tratando de pecado. No entanto, vale dizer que esse problema deve ser reconhecido, tratado dentro das igrejas e nem sempre exige um acompanhamento psicológico, pois o rebanho deve ser orientado a reconhecer e aceitar que os nossos pastores também passam por dificuldades assim como também passamos.

A verdade é que as pessoas em geral, espera uma santidade extremista do clero, no entanto, esquece-se que o clero é composto de homens falíveis, por este motivo, tem defeitos, dificuldades, sentem medo e também estão à procura de respostas como nós. Há um sentimento negativo de medo por parte de grande parte dos pastores e pastoras, porque na comunidade da qual fazem parte, ainda não permite que eles se mostrem fragilizados.

A realidade é que essas exigências mesmo que não sendo ditas abertamente, os desafios da atualidade, têm gerado em nossos pastores desgastes que somados aos seus interesses pessoais, vem trazendo consequências nas áreas pessoal, familiar, financeira, podendo ainda afetar até seu posicionamento como líder, trazendo desgastes para a igreja. Talvez seja esse o motivo pela qual temos observado sintomas de desgaste em um número cada vez maior apresentado por pastores, que de alguma forma, vem desenvolvendo sintomas que afetam sua saúde física, algumas vezes mental e espiritual.

Esse desgaste que os pastores têm demonstrado como aquele cuidador zeloso de seu rebanho, sempre pronto para todas as ocasiões que se fizer necessário, vem ao longo de sua carreira ministerial trazendo consequências relacionadas a esse estresse, ocasionado pelo próprio trabalho; apesar de ser de sua competência zelar pela espiritualidade de seu rebanho, ele deve orientar também ir a um profissional da saúde para cuidar da saúde física e mental.

É interessante quando temos facilidade de orientar nossas ovelhas sempre fazer exames de rotina, procurar um médico, um psicólogo ou qualquer outro profissional para tratar da saúde, quando a cura divina não é realizada, no entanto, nós mesmos somos os primeiros a não seguir aquilo que prescrevemos aos nossos aconselhados. É preciso mudar essa cultura, pois se torna necessário cuidar de nós mesmos para termos condições de cuidar dos outros. Isso de forma alguma é falta de fé; é bom senso, pois se as exigências de nosso ministério exigem que nos ocupemos de cuidar dos outros, não podemos esperar que somente quando a situação estiver acentuada ou grave, é que cuidaremos de nós. Quando chegar a esse ponto, poderemos então, não ter mais condições de cuidar do próximo como gostaríamos.

O que podemos fazer ou como proceder para que não cheguemos a tal ponto? Citaremos algumas sugestões que poderão contribuir na redução ou mesmo na eliminação do quadro de esgotamento pastoral, porém antes gostaríamos de fazer uma consideração que normalmente costumo dizer que estamos na contramão do exemplo deixado por Deus para essas ocasiões. Deus é Deus e ninguém mais o é; e Ele sendo Deus não dorme, não sente fome, sede, cansaço, não precisa renovar suas forças porque Ele é Deus e ponto final. Mas, nós seres humanos, acontece o contrário e foi por esse motivo – segundo minhas convicções – Deus deixou o sétimo dia para que o homem também pudesse descansar.

Resumindo, se Deus não se cansa, porque então Ele descansou no sétimo dia? A resposta que tenho é bem simples, o descanso de Deus foi para fins didáticos, isto é, para nos ensinar. Porém, algumas pessoas nos lembram do ditado de que "o trabalho edifica o homem", a este argumento, costumo contra argumentar dizendo que eles se esquecem de que o descanso também é nobre, é necessário e também nos edifica.

Quando me refiro ao sétimo dia, não estou falando do dia de sábado como os adventistas gostam de enfatizar, mas de um dia na semana para promovermos o descanso necessário a fim de renovarmos nossas energias e poder seguir em frente. A renovação de energias, o sono reparador, tem o poder de nos motivar, entusiasmar com a vida e nos livrar do estresse. Sabemos que é impossível viver sem estresse, mas quando renovamos diariamente nossas energias, podemos minimizar esse estresse, a ponto que ele deixe de ser prejudicial a nossa saúde. Se a pessoa não descansa, ela não renova suas forças.

No entanto, poderemos ainda encontrar outros pareceres referente ao descanso de Deus após a criação, como apresentamos:

> Deus é o maior exemplo de criatividade, poder e eficiência que conhecemos. E o próprio Deus também descansou após uma obra colossal. Ele não descansou porque estava fatigado. *"Não sabes, não ouviste que o eterno Deus, o Senhor, o Criador dos confins da terra, nem se cansa, nem se fatiga? Não há esquadrinhação do seu entendimento"* (Isaías 40.28). O Criador descansou no sétimo dia de toda a sua obra, que tinha feito (Gênesis 2.2) como um artista faz: de modo contemplativo, Ele avaliou o que criara e deu-se por satisfeito[36].

É por esse motivo que a sugestão apresentada é para se considerar a opção em planejar umas férias anuais e na impossibilidade de se afastar por um período de trinta dias, então, considere, pelo menos alguns dias, onde apenas voce e seu cônjuge, caso não tenha filhos menores, possam dedicar algum tempo a voces mesmos. Essa sugestão pode se tornar um hábito. Aprenda que o **trabalho sem descanso é escravidão** (ênfase do autor) e todo trabalhador é digno de descanso. É salutar e importante para todo ser humano ter uns dias de folga, se não o fosse, então não existiria lei na Constituição que regulamenta tal benefício.

Tire férias quando possível e ou invista algum tempo a atividade que lhe proporcione prazer, tenha uma válvula de escape (hobby), uma atividade que também lhe proporcione prazer e até mesmo um tempo para fazer nada, apenas comer, dormir, assistir televisão, assistir filmes, desenhos animados, fazer uma caminhada despreocupadamente para refrescar a mente e o corpo, a prática de algum esporte e etc.

Entretanto, a maioria das vezes parece ser fogo estranho falar na igreja que pastores devem ter seus momentos de ociosidade ou hobby. Não podemos nos esquecer de que até

---

[36] MALAFAIA, Silas – A receita de Neemias para uma vida vitoriosa, Editora Central Gospel, Rio de Janeiro, 2012, pág. 42

nossos pastores e suas famílias precisam de algum tempo de lazer para produzir aquele descanso necessário a todos.

Produzir descanso mental não é ser sedentário, por este motivo foi incluído que devemos fazer uma caminhada para refrescar a mente, o corpo e a prática que algum esporte. Ser sedentário o tempo todo é ser inútil. Devemos exercitar nosso corpo, pois assim quando temos um equipamento que é colocado de lado, com o tempo ele se enferruja, também assim é nosso corpo. Quando resolvemos colocar esse equipamento para funcionar, é necessário retirar a ferrugem, lubrificar as engrenagens, renovar a fonte de força para a máquina voltar a funcionar a contento.

Fazendo uma correlação com o corpo humano, podemos dizer que quando trabalhamos determinado músculo, ele se desenvolve, fortalece e expande, porém, quando não o utilizamos, a tendência é que ele se atrofie, tornando-se deficiente, fragilizado.

Acreditamos que todos sabem, pelo menos aqueles que trabalham ou trabalharam em uma empresa e ou assistem televisão tem a noção das consequências do que o sedentarismo é capaz de proporcionar ao corpo humano. Uma das causas atribuídas ao sedentarismo, é a falta ou diminuição de alguma atividade física que poderá aumentar a obesidade corporal, problemas cardiovasculares, diabetes, aumento do colesterol, hipertensão, e etc.

Por fim, esperamos que as sugestões apresentadas, possam de alguma forma contribuir para evitarmos esses e outros sintomas de esgotamento apresentado por pastores. Que Deus esteja sempre os abençoando para que possam realizar sua obra e se for de sua divina vontade que possamos também evitar os sintomas de esgotamento e estresse em sua vida pastoral.

Funções pastorais desempenhadas na igreja

Temos visto que quase toda a totalidade das igrejas depositam grande confiança em seus pastores e por este motivo, é que no papel de pastor ou pastora, eles acabam desempenhando outros papéis e ou funções, além de pregador da Palavra de Deus. A primeira dessas funções que podemos perceber é que de um modo geral, os pastores desempenham o papel de administrador, porque cabe a ele organizar, planejar, liderar e coordenar.

A função de organizar dentro da estrutura de uma igreja, cabe aos pastores se prepararem com antecedência, uma forma de reunir os recursos necessários, sejam esses humanos, financeiros ou materiais, para que a igreja possa funcionar como um todo. Na área de planejamento vemos ainda que na maior parte das igrejas, são os pastores que estabelecem os objetivos da igreja, apontando a maneira de como eles serão alcançados e assim, permanecem por todo o ministério. Não há a administração participativa e isso é algo a ser melhorado.

Planejar significa estabelecer metas e objetivos a serem alcançados. Também é direcionar como deve ser feito, mas antes de tudo, é se perguntar: o que queremos realmente fazer? Quais são os nossos objetivos ministeriais? Que recursos devemos buscar para concretização de nossos objetivos? Quem poderá nos auxiliar nesta tarefa?

Entre outros questionamentos que inicialmente podemos ter, é sempre bom lembrar que ao iniciarmos nosso ministério, devemos procurar conhecer o máximo possível o nosso grupo, distinguindo seus pontos fortes e fracos, lembrando-os sempre que necessário que todos somos uma equipe e como equipe devemos trabalhar em conjunto, pensar em conjunto e dividir as tarefas, responsabilidades e honras em conjunto. Uma coisa é certa, a vitória alcançada pela equipe é o resultado do esforço de cada membro dessa equipe.

A parte desempenhada em liderar ou mesmo comandar, é para que toda a organização venha funcionar da melhor maneira possível. Isso envolve tomar decisões, manter sempre um canal de comunicação aberto à equipe, motivando, ajudando cada um a desenvolver melhor suas habilidades e desempenhar as tarefas a contento, formando líderes que possam também nos auxiliar a administrar uma igreja. Para isso, deve-se dar autoridade e responsabilidade aos mais aptos e cobrar resultados. Liderar e ou comandar, não é trabalhar sozinho. Acredite na administração participativa e voce poderá colher bons frutos.

Ainda no papel de administrador, os pastores exercem a função de coordenação. Coordenar é diferente de liderar ou comandar, pois no sentido que apontamos a coordenação é o controle a ser realizado, mensurando, pois o que não pode ser mensurado, também não pode ser avaliado. Isto ainda implica dizer que aquilo que não é cobrado, às vezes também não é feito.

É na função de coordenador que os pastores têm condições de liderar de uma maneira mais eficaz, pois essa posição lhes possibilitará corrigir situações, que não estão sendo realizados dentro do planejamento já previamente estabelecido, analisando o andamento dos trabalhos, evitando a perda do objetivo, de tempo e outras complicações indesejáveis.

Depois de organizar, planejar e administrar, a quarta função desempenhada pelos pastores é delegar responsabilidade e poder a alguém para desempenho do que lhe fora confiado. Este é um exemplo bíblico que nos foi dado por Jesus quando enviou seus discípulos a diferentes lugares, dando-lhes poder para curar enfermos e pregar as boas-novas em seu nome. É por este motivo que ao longo deste estudo, vemos insistentemente reafirmando a necessidade dos líderes fazerem outros líderes.

No entanto, sabemos da existência de líderes centralizadores que se recusam a delegar poder e ou autoridade a sua equipe. Cremos que algumas das razões, passam estar assombrando àqueles que são extremamente centralizadores, pois eles temem perder a autoridade. Quando não é esta a situação, pode ser que eles temam que o trabalho não seja realizado da forma que gostariam ou mesmo que o trabalho possa ser feito melhor do que eles mesmos poderiam fazer; o que nos levará para o primeiro motivo, medo de perder a autoridade. Outra hipótese pode ser que eles em sua mente, pensem que ficarão dependentes dos outros, perdendo assim um pouco de seu status.

Entretanto, temos observado que os pastores ou qualquer outro líder centralizador, trazem mais prejuízos ao seu ministério, porque em primeiro lugar haverá a sobrecarga de atividades e quando se sobrecarrega uma pessoa, é certo que não se conseguirá desenvolver todas as tarefas com selo de qualidade exigido, além de se estar podando o potencial das pessoas que se encontram sob nosso cuidado, impedindo assim que surjam novos líderes.

Ser centralizador é ser contra outra função desempenhada pelos pastores que é a função de serem capacitadores. Ser um pastor capacitador é ser aquele líder que ajuda no crescimento das pessoas, capacitando-as para executar suas tarefas da melhor maneira possível e motivando outras pessoas em nosso ministério a saírem dos bancos e os capacitarem para o trabalho na obra do Reino de Deus.

Por fim, apontamos nesse momento a mais importante função de um pastor, além dauela que ser o pregador da Palavra de Deus, que é ser mordomo, pois negar isso é negar o fato de que Deus nos constituiu como mordomos. Porém, a palavra mordomo para algumas pessoas soa como se fosse apenas uma atividade servil; então neste sentido, sugerimos substituir a palavra mordomo por administrador.

No entanto, devemos nos lembrar de que a função de administrador eclesiástico, difere em muito do administrador secular, pois quando falamos de igreja, não estamos falando de uma empresa secular e as pessoas que ali se encontram, não são meros clientes, mas almas que o Senhor Jesus colocou em nossas mãos para que pudéssemos pastorear. Vale a pena dizer que ser mordomo, é ser aquele que cuida dos negócios do Senhor aqui na terra de forma excelente. Por este motivo, devemos exercer nossa função de mordomia da melhor forma possível, não sendo aquele servo mau, inútil e ou ganancioso.

Cargos e funções na igreja

A Bíblia como nosso manual de fé, nos traz alguns ensinamentos sobre organização da igreja. Por isso, lançamos mão de uma passagem bíblica que apesar de tratar sobre dons ministeriais, apresenta conceitualmente um modelo de organização e a seguir apresenta qual o seu objetivo. Esta passagem é encontrada nas cartas aos Efésios 4.11-16:

> *E ele mesmo deu uns para apóstolos, e outros para profetas, e outros para evangelistas, e outros para pastores e doutores, querendo o aperfeiçoamento dos santos, para a obra do ministério, para edificação do corpo de Cristo; até que todos cheguemos à unidade da fé, e ao conhecimento do Filho de Deus, a homem perfeito, à medida da estatura completa de Cristo, para que não sejamos mais meninos inconstantes, levados em roda por todo o vento de doutrina, pelo engano dos homens que com astúcia enganam fraudulosamente. Antes, seguindo a verdade em amor, cresçamos em tudo naquele que é a cabeça, Cristo, do qual todo o corpo, bem ajustado, e ligado pelo auxílio de todas as juntas, segundo a justa operação de cada parte, faz o aumento do corpo, para sua edificação em amor.*

Este é o modelo padrão que qualquer liderança deveria seguir, pois a descrição dos propósitos está bem definida, é mensurável e pode ser alcançado. Os ensinamentos de organização que este texto traz, identifica cinco posições de liderança que foram colocadas na igreja por Deus. Isso implica dizer que cada uma dessas posições, exige um chamado específico de Deus e dons especiais para executar esse chamado.

Não se deve ter a pretensão de simplesmente servir ou ocupar uma dessas posições porque queremos ou desejamos fazer. O chamado deve vir de Deus, não do homem e o Espírito Santo nos capacitará com os dons espirituais apropriados, pois cada uma dessas posições exigirá certo desempenho que poderá diferenciar um do outro.

Apóstolo

Ao falarmos sobre a palavra apóstolo, logo nos vem à mente o termo que é utilizado para identificar os doze apóstolos de Jesus que o tinham visto ressurreto, entretanto, normalmente a definição da palavra apóstolo é traduzida como enviado ou mensageiro. No entanto, Buckland e Williams relatam:

> Essa palavra significa mais do que um 'mensageiro'; seu significado literal é o de 'um enviado', incorporando a ideia de representação autorizada da pessoa que enviou. O apóstolo é um enviado, um delegado, um embaixador. [...] o estudo primário do significado de apóstolo, com base nos

Evangelhos, deve desenvolver-se em torno destes três aspectos: chamada, instrução e missão[37].

Com base na descrição apresentada para a palavra apóstolo, vemos que é um enviado com poder e autoridade para atuar em lugar de outro. "A primeira especificação de Marcos acerca da escolha dos doze foi para estarem com ele (Mc 3.14) [...] A função primária dos apóstolos era servirem de testemunhas a Cristo, testemunho esse baseado em anos de conhecimento íntimo, experiências preciosas e treinamento intenso"[38].

Ao escrito acima, aproveitaremos a oportunidade para desmitificar o título de alguns pregadores ou mesmo líderes se intitularem apóstolo. Se eles apenas restringissem o título apenas como mensageiro ou enviado, nada teríamos que contestar, entretanto, ao se intitularem apóstolo eles querem com essa atitude, estar em uma categoria acima das outras classes existentes.

---

[37] BUCKLAND, A. R. & WILLIAMS, Lukyn – Dicionário Bíblico Universal, Editora Vida Acadêmica, São Paulo, 2007, pág. 48
[38] DOUGLAS, J. D. – O Novo Dicionário da Bíblia, Editora Vida Nova, São Paulo, 2006, pág. 68

Basta lembrarmos de que após o suicídio de Judas Iscariotes, a igreja primitiva se reuniu para escolher um novo apóstolo e disse o apóstolo Pedro naquela ocasião: *"É necessário, pois, que, dos homens que nos acompanharam todo o tempo que o Senhor Jesus andou entre nós, começando no batismo de João, até ao dia em que dentre nós foi levado às alturas um destes se torne testemunha conosco da sua ressurreição"* (At 1.21,22). É óbvio que a qualificação essencial para ser um apóstolo é o chamado divino e ter sido comissionado por Jesus Cristo, porém nas palavras do apóstolo Pedro, há outras qualificações que de modo algum pode ser atendida nos dias de hoje.

Lembrando ainda que Jesus tinha diversos discípulos, porém apenas 12 apóstolos, isto quer dizer que um discípulo é apenas um seguidor, um aprendiz e um apóstolo é alguém comissionado e pelas palavras da própria Bíblia, para ser apóstolo teria que conhecer Jesus Cristo pessoalmente, ter andado com ele e com os outros apóstolos, durante seu ministério terreno, precisaria ainda ter sido uma testemunha ocular da sua ressurreição.

Outro requisito que normalmente é deixado de lado que joga por terra toda a pretensão humana desses pseudos apóstolos, encontra-se nas palavras do apóstolo Paulo: *"Os sinais do meu apostolado foram manifestados entre vós com toda a paciência, por sinais, prodígios e maravilhas"* (2 Co 12.12). Neste sentido, podemos dizer que nos dias de hoje, não temos mais apóstolos, no entanto, em um sentido geral da palavra, mas podemos afirmar que todos nós fomos chamados para ser apóstolos, ou seja, um enviado.

Profeta

Um profeta é alguém que fala sob a inspiração de Deus, ou seja, tem a habilidade para receber e comunicar uma mensagem imediata de Deus a seu povo.

> Os profetas não eram apenas aqueles que previam o futuro, mas, sobretudo, aqueles que proclamavam a Palavra de Deus. Eles recebiam suas mensagens diretamente do Espírito Santo. Não temos mais mensagens revelacionais. O cânon da Bíblia está completo. Hoje não temos mais profetas, mas o dom de profecia, que é a exposição fiel das Escrituras. Concordo com John Stott quando diz que ninguém pode reivindicar uma inspiração comparável àquela dos profetas nem usar a formula introdutória deles: "Assim diz o Senhor". Se isso fosse possível, teríamos de

acrescentar as palavras de tal pessoa às Escrituras, e toda a igreja teria de escutar e obedecer. Francis Foulkes ainda corrobora: "O ministério, ou pelo menos o nome, de profeta logo deixou de existir na igreja. Sua obra, que era receber e declarar a palavra de Deus sob inspiração direta do Espírito, era mais vital antes da existência do cânon das Escrituras do Novo Testamento[39]".

Pelo exposto, podemos dizer que os profetas não eram os cristãos comuns que tinham o dom de profecia, mas eram aqueles que foram comissionados, que finalizaram com o fechamento do Novo Testamento, sendo de acordo com os estudiosos, substituído pelos evangelistas e pastores mestres. A mensagem deles, algumas vezes eram revelações da parte de Deus para a igreja, contudo, essa mensagem tinha de ser julgada por outros profetas para ser considerada válida, conforme nos mostra 1 Co 14.29-32:

E falem dois ou três profetas, e os outros julguem. Mas, se a outro, que estiver assentado, for revelada alguma coisa, cale-se o primeiro. Porque todos podereis profetizar, uns depois dos outros; para que todos aprendam, e todos sejam

---

[39] LOPES, Hernandes Dias – Comentários Expositivos Hagnos – Efésios – Igreja, a noiva gloriosa de Cristo, Editora Hagnos, São Paulo, 2009, pág. 108,109

consolados. E os espíritos dos profetas estão sujeitos aos profetas.

Além de a mensagem apresentada ser julgada por outros profetas, existia ainda outro critério para que a mensagem fosse validada, esse critério fazia a comparação para saber se a mensagem estava em conformidade com os ensinos dos apóstolos. Este critério está implícito nas palavras escritas no versículo de número 37: *"Se alguém cuida ser profeta, ou espiritual, reconheça que as coisas que vos escrevo são mandamentos do Senhor".*

Evangelista

O significado da palavra evangelista segundo o Dicionário Aurélio é aquele que evangeliza, que preconiza uma doutrina; evangelizador, então é correto dizer que evangelista é aquele que traz boas notícias. Seu papel dentro de uma igreja, não é de autoridade ou supervisão. Eles servem ao Senhor Jesus como seus ministros e têm que ser fiéis a sua Palavra, conforme podemos constatar em 2 Tm 4.2-5.

Os evangelistas pelo que percebemos na Palavra de Deus, eram os missionários itinerantes que anunciavam as boas novas da salvação em Jesus Cristo para os incrédulos; pregavam o Evangelho e edificavam as igrejas sobre o fundamento lançado pelos apóstolos, ganhando almas para Jesus como costumamos nos expressar. Por essas funções, podemos dizer que todo cristão tem o dever de ser um evangelista, porém, sabemos que algumas pessoas desempenham melhor esse papel, mas o fato de não possuirmos esse dom, não nos exclui de anunciar as boas novas que é Jesus Cristo.

Temos em mente que evangelizar é pregar o Evangelho nas ruas, ajudar um incrédulo a se posicionar a favor de Jesus Cristo, declarando-o como seu salvador, levando-o a frequentar uma igreja, no entanto, o evangelista deve ter a habilidade de compartilhar o Evangelho de uma forma, que os incrédulos tenham condições de responderem o apelo e se tornarem membros responsáveis do corpo de Cristo.

Pastor

A palavra "pastor" significa um "pastor de ovelhas". Pastores são líderes que assumem a responsabilidade pessoal pelo bem-estar espiritual de cada membro de uma igreja. É função de um pastor pregar a Palavra de Deus de forma expositiva, exortar o membro quando estiver praticando atos que contrariam os princípios bíblicos, cuidar espiritualmente e consolar suas ovelhas quando necessário, produzir discípulos, capacitar os santos, preparando-os para a obra do ministério, em vez de assumir todas as responsabilidades do ministério, ser imitador de Cristo (1 Co 11.1).

Precisa também ter experiência e capacidade para ensinar e pastorear o rebanho adequadamente. Esses são os pontos fundamentais que um pastor deve se ocupar.

O pastor Isaque Nunes Pinheiro nos diz que a postura do pastor diante da igreja em primeiro lugar deve ser de "servo, pois foi ordenado para servir à Igreja (Efésios 5.25-27; Filipenses 2.7-8). Em segundo lugar, a postura do pastor deve ser de mordomo, pois foi ordenado para presidir e dirigir os negócios da Igreja (1 Coríntios 4.1-2; Tito 1.7)"[40];

O título de pastor em algumas denominações pode ser conhecido com outros nomes, tais como ministro, bispo, presbítero e ancião. Esses títulos são empregados para designar oficiais eclesiásticos, porém, designam o mesmo oficio. Duas passagens indicam claramente as qualificações que um homem tem que possuir para servir como pastor, bispo, presbítero, ancião, ministro (1 Tm 3.1-7; Tt 1.6-9).

Doutores ou mestre

Doutores, também chamados de mestres, são aquelas pessoas que possuem uma habilidade natural ou não de comunicar a Palavra de Deus, ensinando eficazmente de forma que os outros aprendam e tenham a capacidade de aplicar o que é ensinado.

---

[40] PINHEIRO, Isaque Nunes – Doutrinas Bíblicas – Perguntas e respostas sobre Teologia Sistemática – para pastores e candidatos ao Ministério Pastoral, Editora Maanaim Informática Ltda, Rio de Janeiro, 1997, pág. 188

A educação judaica era antes de tudo voltada para a religiosidade e até a época do Novo Testamento, esse ensino era dado em casa; sendo obrigação do pai instruir seu filho sobre as tradições religiosas (Êx 12.26,27; Dt 4.9; 6.7) (PFEIFFER, VOS, REA, 2009, pág. 598), sendo a ênfase na memorização e o método aplicado era a repetição. Lopes[41] complementa que na educação hebraica eram ressaltados as evidências históricas ou os atos presenciais de Deus na história.

"A educação hebraica estava focada na família, pois, num primeiro momento, não havia escolas, e as crianças recebiam dos pais a instrução moral e religiosa. Durante os primeiros anos, a mãe era a única a cuidar da criança, mas, aos quatro anos, a situação mudava conforme o sexo: a menina continuava com a mãe, e o menino passava para os cuidados do pai" (LOPES, 2010, pág. 40).

Esse texto nos mostra que aos quatro anos de idade, o filho começava a aprender o ofício do pai e em alguns casos, poderia ser enviado para casa de parentes a fim de aprender algum ofício, mas para isso era preciso esperar ele completar

---

[41] LOPES, Edson – Fundamentos da Teologia da Educação Cristã, Editora Mundo Cristão, São Paulo, 2010, pág. 39

seis anos, quando juridicamente o pai já não era mais responsável em sustentar o filho, ainda segundo Lopes.

Voce pode até estar se perguntando qual o motivo de estarmos enfatizando isso, ao invés de falar diretamente sobre doutores e mestres? É muito simples, porque os doutores e mestres eram vistos como chamamos hoje de professores universitários. No meio eclesiástico, ele é visto apenas como professor de escola dominical. No entanto, podemos aprender com o que foi descrito na educação hebraica que não precisamos esperar o filho completar sua infância que normalmente é visto no ciclo de sete em sete anos, para deixar esses mestres do ensino, eclesiástico, ministrar ensinos religiosos mais eficazes; podemos começar dentro de nossas casas, mais cedo do que imaginamos.

O que quero dizer com essas palavras é que independente da idade, não se deve restringir o ensino religioso ao conhecimento bíblico dominical, para ensinar o conhecimento intelectual do texto bíblico ou para ter comunhão com Deus, desenvolvendo seus dons e moldando-os para ter o caráter com a mente de Cristo. É como diz o ditado: "a educação vem do berço". Rosa acrescenta:

> Sem pretender diminuir ou reduzir a importância da ação educacional da igreja e da escola, podemos dizer que seu trabalho é mais de caráter complementar, pois, na realidade, quase nada se conseguirá com o educando sem os alicerces lançados no ambiente doméstico. É válido que a família se sirva da escola e da igreja como agências auxiliares na obra da educação religiosa dos seus filhos, mas é trágico quando a família transfere para tais instituições a responsabilidade total da educação religiosa dos seus filhos. Sem a ação educativa do lar, a igreja e a escola quase nada podem conseguir.

> [...] não basta usar a linguagem religiosa. É necessário, por parte de pais e educadores, um esforço consciente no sentido de comunicar efetivamente a nossos filhos os valores morais e espirituais que esperamos constituam as normas e diretrizes de suas vidas.[42]

Vale ressaltar que para professores e mestres no grego antigo, a palavra é didáskalos que eram as pessoas que se dedicavam à transmissão sistemática de conhecimento com certa regularidade.

---

[42] ROSA, Merval – Problemas da família moderna – Uma perspectiva cristã, Junta de Educação Religiosa e Publicações da Convenção Batista Brasileira, Rio de Janeiro, 1979, pág. 79

Diáconos

Diáconos são homens e ou mulheres qualificados e escolhidos para atender aos interesses temporais de uma igreja. A palavra diácono significa servir de acordo com o Dicionário Bíblico Wycliffe[43]:

> Sua forma verbal (diakonein) significa "servir", particularmente "servir às mesas" [...] tem a conotação de um serviço muito pessoal, intimamente relacionado com servir por amor. [...] O uso generalizado da palavra "diácono" no NT foi classificado por H. W. Beyer (Diakoneo, etc...) e foram sugeridas as seguintes formas adaptadas: (1) "o servente em uma refeição" (Jo 2.5,9); (2) "o servo de um mestre" (Mt 22.13; Jo 12.26); (3) "o servo de um poder espiritual" bom (Cl 1.23; 2 Co 3.6; Rm 15.8) ou mau (2 Co 11.14ss; Gl 2.17); (4) "o servo de Deus" (2 Co 6.3ss) ou de Cristo (2 Co 11.23) como no caso de Paulo, ou como foi aplicado a seus companheiros de trabalho (1 Ts 3.1-3); 1 Timóteo 4.6; Cl 1.7; 4.7); (5) "os [gentios como] servos de Deus" (Rm 13.1-4); (6) "um servo da igreja" (Cl 1.24,25; 1 Co 3.5).

Segundo ainda PFEIFFER, VOS e REA, nos escritos gregos esse nome está relacionado a "um atendente à mesa, um servo, um mensageiro, um garçom e ainda era usado com referência a ocupações específicas, como padeiro ou cozinheiro", sendo que na LXX esse termo aparece poucas vezes, sempre no sentido secular. Esses autores ainda nos dão uma luz com relação à palavra diakonos:

> ... A palavra mais característica do NT para ministro é diakonos, que eram aqueles que serviam as mesas (Lc 12.37; 17.8). Esta palavra enfatiza a submissão do serviço cristão (Mt 20.26; Mc 10.43). Os apóstolos e seus auxiliares são chamados de ministros de Deus (2 Co 6.4; 1 Ts 3.2); de Cristo (2 Co 11.23; Cl 1.7; 1 Tm 4.6); do evangelho (Ef 3.6,6; Cl 1.23); da nova aliança (2 Co 3.6); e da igreja (Cl 1.24,25). [...] enquanto o termo diakonos está normalmente associado com o ministério cristão, a expressão também é usada como uma referência aos ministros de Satanás (2 Co 11.13), e possivelmente para ministros do pecado (Gl 2.17)[44].

Historicamente, a palavra diácono apareceu pela primeira vez na igreja primitiva não foi na passagem descrita no livro de Atos, quando procuravam escolher sete pessoas de boa

---

[43] PFEIFFER, Charles J. & VOS, Howard J. & REA, John – Dicionário Bíblico Wycliffe, Casa Publicadora das Assembleias de Deus, Rio de Janeiro, 2009, pág. 552

reputação para exercer um ofício. Nesta passagem (At 6.1-6), a palavra diácono não aparece. As palavras que aparecem são diakonia (ofício, ministério, serviço, papel ou função do diácono)[45] e diakonein (servir, ser servidor, realizar um serviço, específico para o serviço à mesa)[46]. Isto demonstra que o texto se refere a trabalhadores e não aos ocupantes de posto.

Quando a palavra diácono aparece mencionando que é aquela pessoa que ocupa um cargo específico na igreja, ela ocorre apenas duas vezes no Novo Testamento. A primeira vez encontra-se na seguinte passagem: *"Paulo e Timóteo, servos de Jesus Cristo, a todos os santos em Cristo Jesus, que estão em Filipos, com os bispos e diáconos"* (Fp 1.1), aqui são citados os bispos e diáconos, não se fazendo qualquer menção de atividade realizada pelos diáconos. Representa apenas a citação de dois cargos existentes.

"Pois os que bem exercem o diaconato obtém para si mesmos boa posição e muita ousadia na fé em Cristo Jesus" (1

---

[44] Idem, pág. 1287
[45] RUSCONI, Carlo – Dicionário do Grego do Novo Testamento, Editora Paulus, São Paulo, 2011, pág. 124
[46] Idem, pág. 123

Tm 3.13 tradução literal grego-português)[47]. Pelo contexto podemos afirmar que os diáconos deveriam ser homens de boa reputação moral, que tem controle de seu lar, serem irrepreensíveis. Não poderiam ser hipócritas, pois deveriam ter uma só palavra, não dado a muito vinho e cobiçoso, pelo fato de que eles estariam em contato com o povo, bem como cuidar do dinheiro, devido ao ministério de caridade e assistência aos necessitados. Eles eram os responsáveis para distribuir o dinheiro aos que passavam necessidade.

Assim, antes de exercer essa função, eles deveriam ser provados e caso demonstrassem capacitados, eram aprovados para assumir o ministério.

Ministério de louvor

Nos dias de hoje, as igrejas normalmente chamam as pessoas que sobem ao nosso púlpito, como levitas que são aqueles que fazem parte do ministério de louvor. No entanto, veremos que a aplicação levita é indevida, pois os levitas nada

---

[47] Novo Testamento interlinear Grego-Português, Sociedade Bíblica do Brasil, São Paulo, 2009

mais eram do que as pessoas que nasceram ou descendem da tribo de Levi. "Esta tribo foi escolhida por Deus para exercer o sacerdócio (Ml 2.4). Isto não significa, porém, que todo o levita fosse sacerdote. No entanto, todo sacerdote tinha de ser necessariamente levita"[48].

É ainda comum ouvirmos que são os ministros de louvor que selecionam as músicas e as executam, para que através daquelas músicas, possamos louvar a Deus, no entanto, não encontramos referências aos ministros de louvor como cantores; vemos que o louvor é o "serviço de adoração prestado voluntariamente a Deus. Em sua essência, o louvor não significa necessariamente cântico ou salmo. Significa a voluntariedade de espírito em adorar e servir ao Supremo Deus. Louvar a Deus significa antes de mais nada, servi-lo em espírito e verdade"[49].

Apenas por curiosidade, busquei a palavra levita, levitas na concordância bíblica e não foi surpresa saber que a palavra levita aparece 28 (vinte oito) vezes no Antigo Testamento e

---

[48] ANDRADE, Claudionor Corrêa de – Dicionário Teológico – Nova Edição Revista e Ampliada, Casa Publicadora das Assembleias de Deus, Rio de Janeiro, 2010, pág. 253

[49] ANDRADE, Claudionor Corrêa de – Dicionário Teológico – Nova Edição Revista e Ampliada, Casa Publicadora das Assembleias de Deus, Rio de Janeiro, 2010, pág. 257

apenas duas vezes (Lc 10.32; At 4.36). Já a palavra levitas, surge 257 (duzentas e cinquenta sete) vezes no Antigo Testamento e apenas uma vez no Novo Testamento (Jo 1.19). pelo texto e contexto, essa única referência aos levitas, não deixa entender que eles cantavam.

Um dos textos mais explícitos que encontramos sobre o levita não cantar como atualmente pensamos, bem como a distinção entre levita e cantor, apesar de sabermos que nem todos os levitas eram cantores, encontra-se nesse versículo: *"e fizera-lhe uma câmara grande, onde dantes se metiam as ofertas de manjares, o incenso, os utensílios e os dízimos do grão, do mosto e do azeite, que se ordenaram para os levitas, e cantores, e porteiros, como também a oferta alçada para os sacerdotes"* (Ne 13.5, veja também Ed 7.7;24; 10.23,24; Ne 7.1;73; 10.28;38,39; 12.44,55; 13.10).

Sobre a música em si, Lopes assim se expressa:

> A música é uma das forças mais poderosas do mundo. O ritmo interfere em nossa estrutura muscular, altera nosso batimento cardíaco, nossa velocidade de marcha ou nosso sistema respiratório. A melodia interfere poderosamente nas emoções e pode levar pessoas a alegria às lágrimas ou da euforia à calma em poucos instantes. A harmonia

interfere no esforço intelectual do ouvinte para apreciar a música[50].

Kaschel e Zimmer por sua vez nos mostram:

A arte de combinar agradavelmente os sons. Existe desde os tempos mais antigos (Gn 4.21). Usava-se música para comemorar vitórias (Êx 15.1-21; Jz 5) e em outras ocasiões, como festas (2 Sm 19.35), casamentos (Jr 7.34) e enterros (Mt 9.23). Às vezes era acompanhada de dança (Êx 15.20; 1 Sm 18.6,7; Mt 11.17). Davi e Salomão contribuíram para o desenvolvimento da música coral e instrumental em Israel (1 Cr 6.31-48; 16; 2 Cr 29.25). Usavam-se instrumentos de cordas (HARPA, LIRA, SALTÉRIO); de sopro (FLAUTA, GAITA, ÓRGÃO, TROMBETA de metal ou de chifre [BUZINA]); e de percussão (ADUFE, CÍMBALO, CÍTARA, PANDEIRO, TAMBOR, TAMBORIL, TAMBORIM). O canto, tanto na forma uníssona como coral e a música instrumental tinham seu lugar nos cultos e na vida religiosa do povo de Deus do AT e do NT (1 Cr 16.4-7, 37; Is 51.3; Mt 26.30; Ef 5.19; Cl 3.16)[51].

No sentido aplicado ao ministério de louvor como cantores, menestréis ou músicos, vemos a ênfase na música, pois a palavra cantor, cantor-mor, cantoras e cantores aparecem

[50] LOPES, Hernandes Dias – Comentários Expositivos Hagnos – Neemias, o líder que restaurou uma nação, Editora Hagnos, São Paulo, 2006, pág. 188
[51] KASCHEL, Werner, ZIMMER, Rudi – Dicionário da Bíblia de Almeida, Sociedade Bíblica do Brasil, São Paulo, 2009, pág. 115

apenas no Antigo Testamento[52] e nenhuma no Novo Testamento. Falar sobre música, é remeter a um passado longínquo, quase sempre essa esteve associado ao serviço da religião.

> Os israelitas consideravam a música como o veículo apropriado para exprimir a gratidão e a devoção que sentiam por Deus. Eles não eram, entretanto, o único povo que usava música na adoração. Entre as mais antigas amostras existentes de primitiva linguagem sumeriana, há hinos de louvor aos deuses.
> A origem da música vocal não é conhecida, mas de acordo com o Pentateuco a música instrumental teve sua origem com Jubal, um dos três filhos de Lameque (Gn 4.21)[53].

Entretanto, não encontramos registro algum de que a igreja cristã do Novo Testamento tenha feito uso de instrumentos musicais na adoração, como é feito nas igrejas da atualidade. Em consulta à Concordância Bíblica Exaustiva Joshua, encontramos apenas 13 menções a música em toda a Bíblia, sendo que doze vezes aparecerem no Antigo Testamento e apenas uma vez no Novo Testamento na parábola do filho pródigo. Referindo-se aos músicos, essa mesma concordância

---

[52] OLIVEIRA, Oséias Gomes, Concordância Bíblica Exaustiva Joshua, Editora Central Gospel, Rio de Janeiro, 2012, pág. 449
[53] PFEIFFER, VOS, REA, 2009, pág. 1317

aponta que a palavra músicos, aparece apenas sete vezes na Bíblia, sendo uma vez no livro de Apocalipse. Pfeiffer, Vos e Rea, escreveram:

> Músicos profissionais tocavam nas cortes do antigo Egito, Assíria e Babilônia, e eram conhecidos também entre os cananeus e fenícios. Parece que o rei Davi introduziu cantores e instrumentistas profissionais no palácio e no Templo de Israel (2 Sm 19.35; Sl 68.25; Ec 2.8). Os músicos do Templo eram designados das classes dos levitas (1 Cr 15.16-22). Enquanto cantavam na dedicação do Templo de Salomão, eles se vestiam de linho fino e permaneciam "para o oriente do altar" (2 Cr 5.12). (PFEIFFER, VOS, REA, 2009, pág. 1399).

Atualmente estou ingressando na área da música, por este motivo, tenho mudado em muito meu conceito dessas pessoas que sobem aos nossos púlpitos para cantarem. No entanto, ao mesmo tempo, tenho os observados e intimamente tenho construído críticas sobre alguns procedimentos que me chegam ao conhecimento, pois ao procurar modelo que possa me inspirar, vem em minha mente o profissionalismo de uma orquestra sinfônica.

Em uma orquestra sinfônica, podemos notar a reverência dos componentes na execução de uma obra musical. Devido o silêncio dos expectadores, a atenção, a concentração e a disciplina dos músicos, fazem com que todos fiquem sob o comando da batuta do maestro, demonstrando assim, a harmonia e comunhão entre eles naquele momento. Para que isso ocorra, é necessário treinamento, saber trabalhar em equipe, disciplina, perseverança e finalmente mais treinamento. Apesar de ainda pensar que eles conseguiriam executar as músicas, sem a regência do maestro.

A ênfase dada ao treinamento vem do fato de meu professor de contrabaixo, Phillip Gonzaga dizer que se quiser aprender a fazer alguma coisa bem-feita, devo procurar sempre treinar para poder aperfeiçoar cada vez mais. Entretanto, o que temos visto nas igrejas atualmente é a negligencia da qualidade tanto da música, como dos instrumentos tocados e das vozes, dando lugar à aparelhagem de som e ao volume. Isso de certa forma demonstra o avanço tecnológico da música nas igrejas por menor que ela seja, mas de forma alguma demonstra o progresso semelhante na área da adoração.

Particularmente, acredito que a execução das músicas e a adoração na igreja, deve seguir o exemplo de uma orquestra sinfônica; onde todos os participantes devem estar em comunhão, ser disciplinado respeitando inclusive os horários pré-determinados, persistentes, dedicados e possam louvar o Senhor com o espírito, a alma e o corpo, diminuindo o volume da aparelhagem se som, para ser mais agradável aos ouvidos.

Não digo essas palavras para desmerecer esses músicos. Sei que devemos valorizar aqueles que trabalham com a música em nossas igrejas, pois é a Bíblia que nos mostra que os músicos eram separados para aquele ministério, dedicando-se totalmente a esse trabalho. Entretanto, Lopes aponta um problema que conseguimos visualizar sobre as músicas de hoje, mais conhecidas como música gospel:

> Um dos grandes problemas da música gospel é que muitos compositores são neófitos e rasos no conhecimento da teologia. Há uma profusão de músicas evangélicas extremamente pobres em conteúdo. Há outras músicas que chegam até mesmo a ferir os ensinos fundamentais da fé cristã. Precisamos ser mais criteriosos nessa questão. A música deve ser serva da mensagem. Ela é um veículo e não um fim em si mesmo. Há muita música no mercado evangélico que visa mexer com as emoções e não proclamar a mensagem salvífica do evangelho. Precisamos reformar não apenas a teologia, mas também a música, pois esta deve ser um canal para o ensino da sã teologia. Cantar

a Palavra ou cantar segundo a Palavra é que produz frutos dignos de Deus[54].

Foi citado que uma igreja por menor que ela seja, possui no mínimo uma aparelhagem de som, onde a maioria das vezes impera o volume além do que deveria ser para se tornar agradável aos ouvidos, inclusive aos ouvidos daqueles de idade mais avançada, por esse motivo dissemos que isso tem demonstrado o avanço tecnológico, mas não demonstra qualquer avanço na área de adoração.

Mas, então, o que vem a ser adoração? Segundo o Dicionário Aurélio, adoração vem do latim adoratione que é o ato de adorar, culto a uma divindade. Culto, reverência, veneração, amor excessivo; idolatria, gosto imoderado de alguma coisa.

No entanto, agora diremos o que não é adoração. Adoração não é ser um membro super ativo na igreja que canta, ou toca vários instrumentos, nem é participar das várias atividades dos departamentos existentes e muito menos, é

---

[54] LOPES, Hernandes Dias – Comentários Expositivos Hagnos – Neemias, o líder que restaurou uma nação, Editora Hagnos, São Paulo, 2006, pág. 198, 199

participar de um ritual marcado para uma determinada hora e dia. Essas atividades são sadias a todo cristão, mas não significa que ele está participando do ato de adoração, pois estas são na realidade, atividades em que nos relacionamos com os irmãos, mas não necessariamente a Deus.

Estas palavras são duras, porém hoje vemos a irreverência tanto das crianças, como dos jovens e adultos. Essas primeiras não conseguem ficar paradas, os jovens cochicham e nem sempre prestam atenção ao culto e os adultos atentos ao WhatsApp, Facebook e até mesmo com fones de ouvidos escutando futebol. Acredito que muitos tem esse tipo de comportamento, vão à igreja como se fossem para um encontro social.

> As pessoas vão às igrejas para receber alguma coisa de Deus e não para ser trabalhadas no seu caráter. Vivem em busca de uma nova sensação. Onde lhes parecer mais fácil, mais mágico, mas instantâneo, ali estarão.
>
> Infelizmente, observa-se cada vez mais igrejas lotadas, cultos espalhafatosamente carismáticos, cânticos intensamente emotivos, e cada vez menos compromisso missionário, menos disposição de serviço ao próximo. A

atitude não é a de se colocar ao dispor de Deus, mas a de receber bênçãos[55].

Meus queridos, adorar a Deus é louvá-lo de todas as maneiras, é concentrar a nossa atenção e pensamentos em Deus. Em João 4.23 está escrito: *"Mas a hora vem, e agora é, em que os verdadeiros adoradores adorarão o Pai em espírito e em verdade; porque o Pai procura a tais que assim o adorem"*.

Secretário

A função de secretário tem pouca diferença de uma secretária secular, excetuando que ficam a cargo deste o arquivamento dos livros de Atas, Cerimônias, Batismos, a confecção das Atas, cartas, divulgação dos aniversariantes. Normalmente as atribuições do secretário costumam estar descritas no Estatuto da igreja e às vezes no Regimento Interno.

Suas atribuições variam desde lavrar as atas das Assembleias em livro próprio, assinar juntamente com o presidente, os documentos oficiais da igreja, manter atualizadas

---

[55] GONDIM, Ricardo – Fim de Milênio: Os perigos e desafios da pós-modernidade na igreja, ABBA Press, São Paulo, 1996, pág. 127

as fichas dos membros ativos bem como os inativos, escrever e expedir toda a correspondência que estiver sob sua responsabilidade e etc.

A secretaria se estiver bem atualizada pode prestar informações de todas as atividades programadas para aquela semana, mês ou ano.

Tesoureiro

Assim como o secretário, suas atribuições encontram-se também definidas no Estatuto ou Regimento Interno da igreja. Esta função nas igrejas tem também grandes responsabilidades, pois é de competência de este assinar junto com o Pastor Presidente cheques, efetuar saques e depósitos.

O tesoureiro deve ser uma pessoa idônea de grande responsabilidade, pois ele trata diretamente com dinheiro, cuida dos fundos que a igreja lhe confia, que são os dízimos e as ofertas. Normalmente o tesoureiro é eleito dentre os membros da igreja, por um período de tempo que pode ser renovado ou não, dependendo do Estatuto da igreja.

Suas atribuições além das descritas, é ainda conferir os dízimos, ofertas, receber e guardar o dinheiro, depositando-o na agência bancária que a igreja tem conta, efetuar os pagamentos autorizados pela presidência, registrar todas as entradas e saídas em livro, além de manter em dia a escrituração da tesouraria, apresentar relatório mensal, semestral ou anual e ou o balancete devidamente assinado pela Comissão de contas.

Disciplina na igreja

Convém esclarecer que quando falamos em disciplina, não estaremos nos referindo à aplicação de castigo físico, como os pais fazem com seus filhos em tenra idade. É humanamente impossível uma pessoa conviver com outra em harmonia constante com a outra, pois em algum momento, sabemos que existirá conflito entre elas.

> Disciplina é o método pelo qual o homem aprende a diferença fundamental entre o possível e o desejável [...] Disciplina é o método pelo qual o homem aprende a controlar seus impulsos e paixões. É através da disciplina que o homem pode aprender a canalizar suas energias para a realização de algo para o bem comum, ao invés de pensar apenas nos seus interesses pessoais imediatos. Disciplina significa oferecer opções e alternativas. [...] Disciplinar significa também responsabilizar o educando pelas decisões que toma. [...] Disciplinar significa simplificar os padrões de comportamento, tornando-os mais funcionais. [...] Finalmente, disciplinar é, no dizer do apóstolo Paulo, "ensinar a verdade em amor" (Efésios 4.15). O ato de disciplinador é, sobretudo um ato de amor, pois o que se deseja com ele é o aperfeiçoamento do educando. Sem amor, a disciplina seria um ato prepotente, incapaz de cumprir seus verdadeiros objetivos[56].

[56] ROSA, Merval – Problemas da família moderna – Uma perspectiva Cristã, 1979, pág. 97-100

Devido ao seu caráter cristão, dificilmente um incrédulo chega ao menos imaginar que a igreja aplica meios disciplinares aos irmãos que se encontram em pecado ou em erro, pois mesmo não crendo nas verdades do evangelho de Jesus Cristo, eles instintivamente sabem que a medida disciplinar utilizada pela igreja tem sempre como objetivo a restauração, ao invés de punição.

Entretanto, Kesller diz que o objetivo da igreja em aplicar a disciplina a um membro, não deve ser visto apenas em restaurar o irmão que se encontra em erro (Gl 6.1; Mt 6.14,15), mas também de corrigir uma má situação (ver 2 Co 7.9) para manter o bom testemunho que a igreja deve dar (ver 1 Tm 3.7; 2 Tm 1.11). Além, é claro de servir como uma forma de advertir aos demais membros para não se descuidarem (1 Co 5.6,7).

Sabemos que não é apenas o pecado que dispara o gatilho de disciplina, existem ainda outros motivos, tais como aquele que procura dividir uma igreja ou esteja agindo de uma forma que a igreja desaprova e encontra-se em desacordo com os princípios cristãos, seja pela imoralidade ou mesmo de estar propagando entre outros irmãos falsas doutrinas e até mesmo por filiar-se a instituições incompatíveis com o cristianismo.

No evangelho de Mateus encontramos uma descrição de como a igreja deve tratar a um irmão culpado: *"Ora, se teu irmão pecar contra ti, vai, e repreende-o entre ti e ele só; se te ouvir, ganhaste a teu irmão; mas, se não te ouvir, leva ainda contigo um ou dois, para que pela boca de duas ou três testemunhas toda a palavra seja confirmada. E, se não as escutar, dize-o à igreja; e, se também não escutar a igreja, considera-o como um gentio e publicano"* (Mt 18.15-17).

Pela descrição do versículo, podemos verificar que o mesmo aponta duas categorias de ofensas: a primeira delas são as ofensas de caráter particular seguida da ofensa pública. O caráter pessoal de um pecado ou ofensa cometida, está explícito nas palavras: *"Ora, se teu irmão pecar contra ti, vai, e repreende-o entre ti e ele só"*. Isto nos mostra que o padrão a ser adotado inicialmente é ir sozinho, conversar com o irmão faltoso, pois é possível que ele ou ela reconheça seu erro e acerte as coisas com voce. O tratamento pessoal entre ofendido e ofensor, deve ter a menor publicidade possível, ou seja, ficar apenas entre os dois, isto vale também sobre a ofensa cometida.

Lembrando ainda que devemos ir conversar com nosso irmão, não com intuito de fazer com que ele reconheça seu erro ou ganhar a discussão, pois há momentos em que nos sentimos ofendidos, porém nós mesmos podemos ter sido inconscientemente o responsável por tal reação. Esta orientação também é válida quando nós 'que erramos e ofendemos a pessoa. Nós como ofensores, reconhecemos nossos erros e procuramos o irmão ou irmã ou a pessoa ofendida, para reparar nossos erros.

Wiersbe sabiamente nos orienta:

> Ao procurar restaurar um irmão ou irmã, é necessário ter um espírito manso e gentil (Gl 6.1). Não se deve condenar quem nos ofendeu nem fazer fofocas a seu respeito, mas sim tentar ajudá-lo com todo amor, da mesma forma como gostaríamos que alguém nos ajudasse se tivéssemos errado. A palavra corrigir usada em Gálatas 6.1 é um termo médico grego que significa "reparar um osso fraturado", procedimento que exige paciência e grande cuidado (WIERSBE, Warren W. – Novo Testamento, Comentário Bíblico Expositivo, Volume 5, Geo-Gráfica e Editora Ltda, São Paulo, 2008, pag. 84,85).

Se o cristão não aceitar proceder corretamente e ficar irredutível, deve o outro sair do âmbito particular e pedir ajuda a outros, pois é exatamente disso que o versículo 16 trata, é o aprofundamento do contato no processo de disciplina. "*Se não te ouvir, leva ainda contigo um ou dois, para que pela boca de duas ou três testemunhas toda a palavra seja confirmada*". Esse contato deve ocorrer se a tentativa anterior for infrutífera, quando o irmão ou irmã não "der ouvidos" a abordagem anterior.

O princípio das duas testemunhas tem como base Dt 19.15. As testemunhas tinham como função servir de testemunha declarando que o irmão ou irmã ofendido(a) agia de boa-fé, com retidão de espírito, pois tentou fazer a reconciliação. Também serviam para qualquer tipo de acordo, mas quando se tratava de ofensa, segundo F. F. Bruce, as testemunhas tinham ainda outra função: "Não devem meramente relatar a atitude do transgressor, se ele não lhes der ouvidos, mas também verificar a validade da acusação – o acusador nem sempre está certo. Se ele se recusa a ouvir a igreja local, certamente é uma influência venenosa e precisa ser excluído"[57].

> Devemos compartilhar os fatos de acordo com nosso ponto de vista e pedir o conselho desses irmãos tementes a Deus. Afinal, também é possível que nós estejamos errados. Se os

---

[57] BRUCE, F. F. – Comentário Bíblico NVI, Editora Vida, São Paulo, 2012, pág. 1090

> irmãos verificarem que estamos corretos, então, juntos, podemos procurar o ofensor e tentar mais uma vez ganhá-lo como irmão. Esses irmãos não apenas podem nos ajudar com orações e persuasão como também podem servir de testemunhas para a igreja acerca da veracidade dessa conversa (Dt 19.15; 2 Co 13.1).
>
> O pecado que não é tratado com honestidade sempre se espalha. Aquilo que era uma questão entre duas passará a envolver quatro ou cinco. Não é de se admirar que Jesus e Paulo tenham comparado o pecado ao fermento, pois cresce rapidamente[58].

Caso ainda a pessoa faltosa recusa se arrepender; o próximo passo a ser dado, é levar a questão ao conhecimento da igreja. Levar ao conhecimento da igreja não é ficar falando aos cantos para um ou outro, é procurar a direção da igreja, expor os acontecimentos e pedir a mediação deles, devendo sempre nos lembrar de que o objetivo principal, não é ser considerado vitorioso, mas trata-se de restaurar um irmão.

É importante dizer que quando se atinge este passo, há uma mudança no encaminhamento da questão, o membro faltoso, ao recusar a admoestação individual e com as testemunhas, na realidade abriu mão de seus direitos como cristão, tendo de ser tratado como um conhecido de fora da

---

[58] WIERSBE, Warren W. – Novo Testamento, Comentário Bíblico Expositivo, Volume 5, Geo-Gráfica e Editora Ltda, São Paulo, 2008, pag. 85

igreja, porém sem pensar que ele tenha comunhão com os outros e deve ser disciplinado.

No versículo 17 de Mt 18 está escrito: *"E, se não as escutar, dize-o à igreja; e, se também não escutar a igreja, considera-o como um gentio e publicano"*.

Gentio segundo a explicação da Bíblia de Estudo Dake vem da palavra grega ethnikos que significa pagão, um gentio. Informa ainda que essa palavra foi somente usada em Mt 6,7; 18.17. "Aja como um crente para com ele, como voce agiria com um estranho que quisesse ganhar para Cristo. Mas não tenha comunhão religiosa com ele até que se arrependa. Então, perdoe-lhe, fazendo com que seu pecado seja algo do passado (Mt 6.14,15; 18.21-35; 2 Co 2.6-11; Gl 6.1)"[59].

O publicano por sua vez, "eram desprezados pelos judeus, pelo que qualquer referência sobre ser algo menor do que essa classe era a pior coisa que poderia ser dita de qualquer religioso. Eles eram classificados como pecadores (Mt 9.10,11; 11.19; 21.31,32). Muitos se arrependeram e foram batizados (Lc

---

[59] Bíblia de Estudo DAKE – Casa Publicadora das Assembleias de Deus e Editora Atos, 2009, pág. 1566

3.12; 7.29). Lembrando ainda, eu um deles, se tornou apóstolo (Lc 5.27-29; 19.1-10)"[60].

Pela definição de gentio e publicano, vemos o quão sério é o assunto e a dureza da igreja considerar um irmão ou irmã como gentio e ou publicano. Esse tratamento nada mais indica que a igreja deve "excluir essa pessoa da adoração comunitária e suspender seus relacionamentos sociais com outros cristãos fora do contexto de adoração. Paulo aplicou essa disciplina em 1 Co 5; 1 Tm 1.20)"[61].

O que iniciou com uma contenda entre duas pessoas, agora é de conhecimento de toda a igreja, no entanto, infelizmente devemos dizer que muitas vezes a aplicação da disciplina na igreja, é negligenciada nos dias de hoje. Assim como nossas crianças ao cometer uma falta deve ser disciplinada, assim também o povo de Deus precisa ser disciplinado. Não devemos deixar o tempo resolver a situação, mesmo quando avaliamos que o motivo seja leve.

---

[60] Idem, pág. 1542
[61] Bíblia de Estudo de Genebra, Editora Cultura Cristã e Sociedade Bíblica do Brasil, 2009, pág. 1258

Quando a ofensa chega ao conhecimento de toda igreja e mesmo assim o ofensor não é disciplinado, o caráter da igreja cai por terra, perde sua autoridade. Quando a igreja disciplina alguém, na realidade ela está examinando e disciplinando a si mesma, pois ela deve estar sob a autoridade da Palavra de Deus. Ninguém pode disciplinar alguém quando não se tem autoridade e não disciplina a si mesmo.

Quando se chega a esse ponto, a igreja deve suspender o ofensor do rol de membros e dependendo da gravidade do assunto, depois de entrar em oração, deve ser considerada a opção de exclusão definitiva da igreja. No entanto, quando o ofensor se arrepender da falta cometida, mudar sua atitude, confessar seu erro, pedir perdão e não trazer escândalo para a igreja, deve se tentar ao máximo, recuperar esse irmão desde que se revele realmente arrependido. Tudo, porém, deve ser feito com amor e justiça. Não o tratando como inimigo (2 Ts 3.15), ao invés disso, devemos tentar ganhá-lo de novo para Cristo (Tg 5.19,20), pois o verdadeiro arrependimento não torna o arrependido perfeito, mas o ajudará a evitar o erro novamente.

Vale a pena dizer de que quando se trata de um irmão ou irmã que ocupe uma posição de liderança na igreja, é necessário retirar ou limitar os direitos de liderança dessa pessoa. Orientamos dar um tempo de prova para que a igreja veja uma demonstração de arrependimento sincero e possa também restabelecer a confiança de outrora que no momento, está abalada ou perdida.

Um detalhe que omitimos no decorrer desse estudo é que quando se fala de a igreja aplicar a disciplina, isso de modo algum deve ser feito em segredo, pois toda a igreja deve participar na decisão. O que se tornou público deve ser tratado também em público.

Lembrando que toda disciplina deve ser aplicada com espírito de humildade e amor. Disciplina não é um castigo qualquer ou uma punição. A disciplina na igreja tem o objetivo de redimir e restaurar o membro faltoso, por este motivo que a disciplina deve ser aplicada imparcialmente e nunca deve ser uma arma nas mãos do pastor, como meio de impor a sua vontade.

O que passar da imparcialidade, é represália e como afirmamos no início deste tópico, o objetivo da igreja ao disciplinar alguém, deve primeiramente ser para restaurar o membro, corrigir uma situação, manter o testemunho que a igreja deve dar e não utilizar a disciplina como recursos carnais, para revidar ou mesmo subjugar uma pessoa.

A Bíblia da Mulher nos traz algumas instruções sobre disciplina na igreja:

> A Bíblia apresenta diversos passos para resolver conflitos e para acertar desentendimento entre as pessoas:
>
> 1. As Escrituras admoestam o crente a enfrentar o conflito – saber de sua existência e aceitar seu impacto. Cristo adverte seus discípulos a ir imediata e diretamente até a pessoa e discutir o problema com ela (Mt 18.15). Outras pessoas deverão ser envolvidas para mediar o conflito apenas se não houver uma solução na conversa particular entre os envolvidos (Mt 18.16,17).
> 2. A Bíblia instrui o crente a perdoar o conflito – deixar os desentendimentos para trás e continuar em harmonia, uma vez que tenham sido resolvidos. Evódia e Síntique foram encorajadas a substituir a amargura por gentileza e a viver em harmonia pacífica, alegrando-se no Senhor (Fp 4.2-7).
> 3. A Bíblia encoraja o crente a deixar o conflito para trás. Paulo resolveu sua desavença com João Marcos e buscou oportunidades de trabalhar com ele (compare At 15.36-41 e 2 Tm 4.9-11...)
>
> Jesus relembrou aos fariseus que o maior dos mandamentos é amar ao Senhor e ao próximo (Mt 22.37-40). O desejo de Deus é que seus filhos vivam em harmonia. Cristãos devem resolver conflitos com os outros substituindo a discórdia

pelo amor. A ênfase não é na punição, mas na redenção (veja 2 Co 2.5-11; 2 Ts 3.14,15)[62].

Para finalizar, faremos mais uma citação de Hunter: "O objetivo de qualquer ação disciplinar deve ser corrigir ou mudar o comportamento, treinar a pessoa e não punir a pessoa. E a disciplina pode ser progressiva. Primeira advertência, segunda advertência, aviso final e por último, 'voce não pode mais fazer parte deste time'"[63].

---

[62] A Bíblia da Mulher, Sociedade Bíblica do Brasil, São Paulo, 2008, pág. 1188

[63] HUNTER, James C., O monge e o executivo – Uma história sobre a essência da liderança, Editora Sextante, Rio de Janeiro, 2004, pág. 80

Lições de liderança com Neemias

O melhor exemplo bíblico de pessoa que traduz a liderança perfeita pode e deve ser apontado única e exclusivamente para Jesus Cristo. No entanto, querendo variar, procuramos outros personagens, em consequência dessa pesquisa, apareceu personagem como Adão, Moisés, Josué, Sansão, Samuel, Saul, Davi, Tiago, Pedro, entre outros que exerceram algum tipo liderança, sendo ela positiva ou negativa. No entanto, qualquer que fosse o personagem escolhido, esse não chegaria aos pés do Senhor Jesus, não seria uma liderança perfeita como a dele, mas mesmo assim, podemos tirar bons ensinamentos.

Entretanto, após alguma análise superficial da vida de alguns deles, optamos por Neemias por ele ter sido um personagem que exerceu um papel de líder motivador, orientador, com planejamento mensurável, empreendedor, foi prudente, servo e líder junto ao seu povo com poder de decisão. Deparou com problemas graves, dedicando parte de sua vida em reconstruir de uma forma geral a cidade de Jerusalém, buscou orientação do Senhor, superou etapas para conseguir o seu intento.

Devido à persistência em tornar realidade seu projeto, aprendemos com Neemias que devemos antes de tudo planejar o nosso trabalho, organizar nosso tempo, fazer levantamento dos recursos necessários, avaliando sempre os resultados e motivando o grupo de pessoas que no caso de Neemias, eles não ligavam mais para a própria situação, estando desmotivados, conformados, achando que não haveria mais jeito para eles e. Os seus métodos, apresentou assim, um perfil ideal na ótica que vemos ao longo desta obra abordando.

> Ser um líder de Deus não é apenas obter reconhecimento, ocupar uma posição ou ser o chefe. Esta incumbência envolve um necessário planejamento, trabalho árduo, coragem e perseverança. As expectativas positivas nunca podem ser um substituto para a realização dos trabalhos difíceis. E para que possamos liderar as pessoas, é necessário que ouçamos a orientação que Deus tem para a nossa vida[64].

A história de Neemias está descrita no livro que leva o seu nome, cujo nome é traduzido por "o Senhor consola", ou "o

---

[64] Bíblia de Estudo Aplicação Pessoal, Casa Publicadora das Assembleias de Deus, 2009, Megatemas, pág. 663

Senhor tem compaixão" segundo Paul Gardner. O autor do livro de Neemias, segundo a tradição judaica e cristã, reconhece Esdras como seu autor. Um fato interessante é que tanto a LXX como a Vulgata chamam este livro de "Segundo Esdras". Os acontecimentos relatados nesse livro, segundo MacArthur teve início no final do ano de 446 a.C.

Dentre os Neemias citados na Bíblia Sagrada, o mais importante foi o filho de Hacalias (Ne 1.1) e irmão de Hanani (Ne 1.2;7.2) que foi o governador de Judá após o exílio na Babilônia[65]. "[...] Neemias, que era copeiro do rei Artaxerxes em Susã. Lembrando que a cidadela de Susã era a residência de inverno dos reis persas. Falar a um rei persa era algo raro, como se lê em Ester; mas o próprio rei, certo dia, dirigiu-se a Neemias ao vê-lo triste (Ne 2.1,2). Neemias, portanto, era considerado e prestigiado"[66]. Gardner nos mostra uma curiosidade com relação ao cargo de copeiro do rei naqueles tempos:

> O próprio Neemias ocupou posições elevadas durante o reinado do imperador persa Artaxerxes (464 a 424 a.C.).

---

[65] GARDNER, Paul – Quem é quem na Bíblia Sagrada, Editora Vida, São Paulo, 2007, pág. 484

[66] TOGNINI, Enéas – O período interbíblico – 400 anos de silêncio profético, Editora Hagnos, São Paulo, 2009, pág. 69

Era chamado de "copeiro do rei" (1.11), cargo de confiança que envolvia a tarefa de provar o vinho do rei beber, para garantir o seu não-envenenamento. Geralmente os copeiros eram eunucos, embora não se tenha certeza se este era o caso de Neemias. (Gardner, Paul, pág. 484).

A Bíblia de Estudo Arqueológica NVI acrescenta ainda outra curiosidade sobre o cargo de copeiro:

> Uma das tarefas do copeiro era escolher e provar o vinho do rei, para certificar-se de que a bebida não estava envenenada (2.1). Era estritamente necessário que os empregados da corte fossem de confiança, por causa das intrigas que caracterizavam a corte persa. Xerxes, pai de Artaxerxes I, foi morto na própria cama por um cortesão[67].

Lembrando que o rei Artaxerxes da Pérsia reinou aproximadamente entre os anos 465 a 425 a.C., apelidado Longimanus ou Longânimo, devida a sua excessiva bondade e era filho do monarca Assuero, também conhecido como Xerxes, segundo algumas traduções bíblicas, que se casou com a judia Ester, a qual tem um livro que leva o seu nome na Bíblia Sagrada. Esse rei "é mencionado no livro de Ester e em Esdras

---

[67] Bíblia de Estudo Arqueológica NVI, Editora Vida, São Paulo, 2013, pág. 689

4.6. Um dos maiores reis do Império Persa, governou de 486 a 465 a.C."[68].

A lição de liderança que podemos aprender com Neemias a partir do contexto da sua administração, está primeiramente relacionada à sua personalidade. Após fazermos uma leitura do livro que leva o seu nome, podemos dizer que ele representou uma liderança influente, pois era um homem de oração; de coragem, metódico, empático, aceitou as responsabilidades do projeto que colocou em seu coração, após ouvir notícias de seu povo e ajudou seus contemporâneos.

Outra lição que aprendemos com a liderança de Neemias é o fato de ele haver se organizado antecipadamente para aquele intento, também por erguer o moral de seu povo que se encontrava subjugado e juntamente com eles, "ter colocado a mão na massa", ou seja, desempenhado junto com eles a tarefa de reconstruir os muros. Neemias além de erguer o moral de seus contemporâneos, tratou logo de imediato, às causas que levaram aquele povo ficarem naquele estado de desencorajamento e desilusão. Ele foi generoso, sábio na

---

[68] GARDNER, Paul – Quem é quem na Bíblia Sagrada, Editora Vida, São Paulo, 2007, pág. 655

apreciação e no encorajamento, restaurando assim a autoridade da Palavra de Deus.

Existem ainda algumas características marcantes no ministério de Neemias que gostaríamos de destacar. Características essas, já apontadas no decorrer desta obra. Vemos no capítulo primeiro que ao receber notícias de seus contemporâneos de Jerusalém e sobre as condições daquela cidade, a Bíblia nos relata que Neemias assentou-se, chorou, lamentou-se por alguns dias, jejuou e orou perante o Senhor (versículo 4). O que gostaríamos de ressaltar nesse versículo é a importância que devemos dar em reconhecer que existe um problema, vivenciar aquele momento e desejar uma solução.

Quando estou atravessando momentos de adversidades, existe um versículo bíblico que tem me dado força para não ficar remoendo aquela situação. Está escrito em 2 Co 4.8,9: *"Em tudo somos atribulados, mas não angustiados; perplexos, mas não desanimados. Perseguidos, mas não desamparados; abatidos, mas não destruídos"*. Assim, aprendi que nesses momentos, não devemos mostrar aparência, principalmente na igreja de que tudo está bem conosco, pois isso é mascarar, abafar, reprimir emoções daquela situação; que ao longo dos tempos, poderá trazer consequências ruins para nosso próprio corpo. É preciso vivenciar o momento, chorar, desabafar, orar objetivamente àquele que nos criou e clamar sua ajuda, assim como Neemias fez.

O que não devemos fazer, é ficar vivenciando aquele momento dia após dia. Não adianta "chorar o leite derramado", devemos seguir em frente, porque não haverá utilidade alguma, ficar chorando aquilo que não pode ser corrigido. A Bíblia nos orienta na epístola aos filipenses: *"Não estejais inquietos por coisa alguma; antes as vossas petições sejam em tudo conhecidas diante de Deus pela oração e súplica, com ação de graças. E a paz de Deus, que excede todo o entendimento, guardará os vossos corações e os vossos sentimentos em Cristo Jesus"* (Fp 4.6,7).

Neemias chorou, lamentou, orou e jejuou durante meses pela causa de seus contemporâneos, isso equivale dizer que nesse sentido, que a notícia relatada por Hanani balançou suas estruturas; ele intercedeu a favor de seu povo e buscou forças fora de si mesmo, para realizar uma tarefa que competia aos judeus que escaparam do exílio fazerem. Lembrando que o papel de um intercessor, nunca será de acusador e que jejum e oração nunca será substituto do trabalho a ser realizado.

Segundo a Bíblia de Estudo Arqueológica, "os muros e as portas de Jerusalém estavam em ruínas desde sua destruição por Nabucodonosor, cerca de cento e quarenta anos antes, a despeito das tentativas frustradas de reconstruí-los"[69].

> Por que Neemias chorou? Não somente porque a cidade dos seus pais estava em ruínas; não somente porque lá estava o Templo, onde Deus era adorado; mas, porque o Deus de seus pais estava sendo escarnecido pelos seus inimigos. Eles diziam: "Deus não consegue dar vitória ao povo, ele é incapaz; nossos ídolos são mais poderosos do que o Deus de Israel". A preocupação de Neemias era com a glória de Deus, não apenas com o bem-estar do ovo [...] Em segundo lugar, os problemas do seu povo levaram Neemias a um profundo lamento (1.4). Neemias chorou e lamentou por quatro meses o problema do seu povo, ou seja, do mês de quisleu (1.1) ao mês de nisã (2.1). Era um lamento profundo, que durou quatro meses. Neemias vivia no palácio. Mas seu coração já estava nas ruínas de Jerusalém[70].

[69] Nota marginal da Bíblia de Estudo Arqueológica NVI, Editora Vida, São Paulo, 2013, pág. 691,692
[70] LOPES, Hernandes Dias – Neemias – O líder que restaurou uma nação, Editora Hagnos, São Paulo, 2006, pág. 27,28

Champlin[71] relata sobre o episódio da oração feita por Neemias, nos informando que Josefo apresenta "uma versão dramática dessa questão afirmando que Neemias prorrompeu em lágrimas, por dó do infortúnio de seus compatriotas". Assim escreveu Josefo:

> Neemias ficou tão desconsolado pela aflição do povo de seu país que não pôde reter as lágrimas. E, elevando os olhos ao céu, disse a Deus: "Até quando, Senhor, permitireis que a vossa não seja perseguida e torturada por tantos males? Até quando permitireis que ela seja presa de vossos inimigos?" O sofrimento fez-lhe esquecer até o momento em que se encontrava, pois vieram dizer-lhe que o rei estava prestes a se pôr à mesa, e ele correu para servi-lo[72].

A descrição apresentada por Josefo, nos leva pensar que pouco tempo após receber notícias de seus contemporâneos, Neemias compareceu à presença do rei, mas o capítulo 2 relata que no mês de nisã (março/abril), ou seja, quatro meses depois de receber o relato de Hanani. Quando Neemias ia colocar o vinho perante o rei, esse percebeu a tristeza em seu copeiro e

[71] CHAMPLIN, R. N. – O Antigo Testamento interpretado versículo por versículo, Editora Hagnos, volume 3, São Paulo, 2001, pág. 1775
[72] JOSEFO, Flavio – A história dos hebreus – De Abraão à queda de Jerusalém, Casa Publicadora das Assembleias de Deus, Rio de Janeiro, 2010, pág. 516

pergunta-lhe: "*Por que está triste o teu rosto, se não estás doente?*" (2.2). É bom lembrar que era perigoso demonstrar tristeza na presença do rei, pois poderia ser punido com a morte. Isto porque "o rei queria que seus súditos fossem felizes, pois isso refletia o bem-estar produzido pela sua habilidade administrativa" (Nota marginal da Bíblia MacArthur, pág. 607).

No entendimento de Schökel[73], "a primeira frase do rei poderia ser interpretada como demonstração de interesse ou como reprovação. Pelo tom, Neemias deve ter percebido a reprovação, que provocou o susto" e a Bíblia de Estudo Arqueológica acrescenta:

> Esperava-se que os servos do rei guardassem seus sentimentos para si e se apresentassem sempre dispostos diante dele. Contudo, Neemias demonstrou sua ansiedade, provavelmente não por causa do questionamento do rei, mas em razão do pedido que faria ao monarca. Neemias sabia muito bem que o próprio Artaxerxes havia impedido os judeus de reconstruir os muros (Ed 4.17-23)[74].

---

[73] Bíblia do Peregrino – SCHÖKEL, Luís Alonso, Editora Paulus, São Paulo, 2002, pág. 837
[74] Bíblia de Estudo Arqueológica NVI, Editora Vida, São Paulo, 2013, pág. 689

O versículo três mostra a resposta de Neemias ao rei e o pastor, psicólogo clínico e conferencista Silas Malafaia apresenta uma argumentação sobre isso que pode auxiliar qualquer cristão:

> Neemias teve bom ânimo, respeitou os protocolos soube identificar as oportunidades e usou bem o poder da comunicação. [...] Neemias podia estar passando por um grande problema, mas, quando se dirigiu ao rei, desejou ao soberano vida longa e próspera, como mandava o protocolo: Viva o rei para sempre! (Neemias 2.3a). Existem protocolos que devem ser seguidos. [...] Muitos cristãos misturam as coisas, e acabam fracassando. Mas o exemplo de Neemias pode orientá-los a não errarem mais. Afinal, a despeito do pesar de Neemias pela desgraça de seu povo, ele desejou em primeiro lugar vida longa ao rei, reconhecendo a autoridade deste, e olha que Neemias não estava ali servindo no palácio porque assim o desejou; ele era um cativo exilado. Em outras palavras, era um escravo. Mas servia de bom grado. [...] Outra coisa muito interessante é que Neemias só disse ao rei o que estava se passando depois de o monarca lhe perguntar por que estava tão triste [...] Depois de seguir o protocolo dirigindo-se ao rei da forma devida e só falando quando foi interpelado, Neemias finalmente contou seu problema[75]...

Aqui vale mais um comentário a respeito da resposta de Neemias ao rei, porque com ela aprendemos mais uma lição

---

[75] MALAFAIA, Silas – A receita de Neemias para uma vida vitoriosa, Editora Central Gospel, Rio de Janeiro, 2012, pág. 28-32

bem simples que é o princípio da humildade. Aquele que quer algo ou precisa de uma coisa que a outra pessoa pode lhe dar, deve deixar o orgulho de lado, reconhecer sua posição, ser humilde o bastante para chegar a essa pessoa que se encontra em posição superior naquele momento e respeitar os direitos dessa, independente da resposta recebida ou do nosso pedido ser atendido ou não.

O fato é que não devemos ser arrogantes e achar que a pessoa tem o dever de nos atender em tudo que queremos. Devemos ser prudentes até no falar e principalmente no pedir. Conheço pessoas que não sabem utilizar essa ferramenta (o dom da fala), pois até mesmo quando pedem, mais parece que estão mandando ou querendo manipular a pessoa para obter aquilo que querem, chegando quase ao ponto de constranger a pessoa. Devemos saber que a maneira como falamos e o tom da voz, influem muito nesses momentos.

Tem um ditado que diz: "quando Deus fecha uma porta, abre sempre uma janela" e depois de alguns anos acrescentei: "basta olharmos para os lados para saber qual janela está aberta". Não é porque Deus abre uma porta que voce deve entrar com tudo, ir direto ao ponto. Não devemos desperdiçar as portas ou janelas que Deus abre para nós. Devemos sim, agradecer a Deus pela oportunidade dada e aproveitar a oportunidade para reverter aquilo a nosso favor. Se não fizermos ou agirmos de forma adequada, certamente estamos correndo o risco de perder a oportunidade e Neemias não agiu dessa forma.

> ... Neemias chora, ora e jejua durante quatro meses antes de começar a agir. Antes de sermos usados por Deus, precisamos ser quebrantados. Antes de chorarmos pelas causas que afetam o povo, precisamos chorar pelos nossos próprios pecados e pelos pecados do povo. Antes de buscarmos os recursos da terra, precisamos buscar os recursos do céu. Neemias se humilha diante de Deus durante quatro meses (do mês de quisleu ao mês de nisã)[76].

Vemos pela resposta de Neemias, que ele durante meses guardou a dor que sentia por seus irmãos em Jerusalém e quando Deus abriu uma porta, fazendo o rei perceber a tristeza no coração de Neemias, que como já vimos, poderia ter sido punido com a morte, Neemias não abriu mão do protocolo. Quando teve a oportunidade de fazer sua petição ao rei, disse: *"Se for do agrado do rei e se o seu servo puder contar com a sua benevolência, que ele me deixe ir à cidade onde meus pais*

---

[76] LOPES, Hernandes Dias – Neemias – O líder que restaurou uma nação, Editora Hagnos, São Paulo, 2006, pág. 41

estão enterrados, em Judá, para que eu possa reconstruí-la" (2.5).

Na petição de Neemias dirigida ao rei, ele estrategicamente, não apenas menciona a muralha, como também se omite o nome da cidade de Jerusalém, substituindo por uma relação afetiva. Neemias levantou uma questão muito valorizada pelos persas que era a questão da memória de seus ancestrais, pois os reis ao assumirem seu reinado começavam a preparar sua câmara mortuária. Champlin comenta:

> Ele foi direto ao cerne da questão, falando sobre Jerusalém, sua amada cidade natal, onde seus pais tinham sido sepultados. A cidade era só escombros; as muralhas estavam derrubadas; os portões estavam queimados; os habitantes viviam em pobreza e miséria; e havia muitos inimigos rondando do lado de fora, esperando alguma oportunidade de tornar as coisas piores ainda. "Visto que todos os orientais se preocupavam com os túmulos de seus antepassados, e o rei estava preparando seu próprio sepulcro entre os túmulos reais da Pérsia, em Naqsh-I-Rustam, Neemias pode ter ganho a simpatia por meio de sua escolha de palavras. Ele mencionou de passagem os pontos arruinados da cidade (cf. Nee. 1,3), mas fez silêncio quanto às muralhas, acerca das quais tinha havido controvérsias (Esd. 4.21,22)" ...
> Quando chegou o momento azado, Neemias estava preparado para apresentar seu caso vividamente na presença do rei, de modo tácito e breve. Ele tinha pensado tanto e tão claramente sobre a situação particular, que agora (tal como Lincoln em Gettysburg) pôde condensá-la... e

assim apresentou um notável sumário que foi toado por suas emoções pessoais e contagiosas[77]...

Kidner corroborando com Champlin relata:

O assunto é introduzido de modo sensível. É possível atribuir muito valor ao fato de que, conforme indica Myers, Jerusalém não é mencionada em qualquer parte desta conversação – porque está claramente subentendida no v. 8. Mas, certamente, Neemias, assim como Ester, tinha a sabedoria de apresentar o assunto primeiramente como notícias de um golpe pessoal, não como uma questão política. Nalguma altura na conversa revelou-se que a cidade onde estão os sepulcros de meus pais era Jerusalém, e até então, a simpatia do rei já tinha sido granjeada, e sua disposição para ajudar já estava clara[78].

A habilidade de Neemias com as palavras, demonstra ainda aquilo que todo líder deve também se ocupar que é com a organização. Neemias colocou com a maior clareza possível seu alvo, seus objetivos e propósitos diante do rei que resultou em seu envio para Jerusalém para reconstruir os muros.

Sabe por que Artaxerxes permitiu que Neemias se ausentasse? Porque este era um homem íntegro, que sempre

[77] CHAMPLIN, R. N. – O Antigo Testamento interpretado versículo por versículo, Editora Hagnos, volume 3, São Paulo, 2001, pág. 1777
[78] KIDNER, Derek – Série Cultura Bíblica – Esdras e Neemias, Introdução e comentário, Editora Vida Nova, São Paulo, 2008, pág. 87

falava a verdade. Não dava golpes nos seus superiores nem tentava passá-los para trás. Ele não tinha inventado uma desculpa para tirar umas "férias" extras. Quem age sempre assim não tem credibilidade. Inventa tanta desculpa que ninguém mais acredita nele.

Como cristãos, é nossa obrigação sermos íntegros e demonstrarmos integridade e retidão em tudo o que fizermos. De outro modo, como ter credibilidade? Impossível!

Neemias era um homem íntegro e da confiança do rei, por isso tinha crédito com o monarca, e teve seu pedido atendido por ele não apenas quanto à dispensa por um tempo de trabalho na corte, mas também quanto a tudo de que precisava para sua viagem e seu projeto de reedificar os muros de Jerusalém[79].

Tudo isso foi graças ao favorecimento de Deus em relação à Neemias, pois o nosso Deus é um Deus vivo, dono da história que intervém para que seus divinos projetos se cumpram, conforme sua soberana vontade e também, damos crédito a Neemias por esse haver examinado cuidadosamente a situação, haver planejado com antecedência, todos os passos necessários para que se cumpra o intento que estava em seu coração e também por demonstrar clareza em seus objetivos quando se reportou ao rei.

---

[79] MALAFAIA, Silas – A receita de Neemias para uma vida vitoriosa, Editora Central Gospel, Rio de Janeiro, 2012, pág. 38

Neemias sabia que em primeiro lugar ele precisaria que o rei aprovasse a reconstrução, isto é, fazer novo decreto que alterasse o decreto anterior; depois disso, Neemias sabia que precisaria estar em Jerusalém para cumprir sua missão. Por este motivo, ele priorizou o pedido de cartas de recomendação do rei (Ne 2.7), seguido de recursos e proteção para a viagem. Neemias demonstra assim, ser estratégico e proativo.

Segundo Gardner, Neemias pediu ao rei permissão para reconstruir Jerusalém e esse após concordar o nomeou governador da Judéia no 20º ano de seu governo. Neemias retornou no 32º ano de seu reinado (Ne 2.1; 5.14; 13.6) (GARDNER, Paul, 2007, pág. 73).

Esta é outra lição que devemos aprender com a liderança de Neemias. Devemos aprender a pensar antes de falar, devemos ter sabedoria, definindo inicialmente o que necessitaremos depois planejar gradual, estrategicamente os passos para conseguirmos aquilo que precisaremos para atingir nossos objetivos e acima de tudo, utilizar a flexibilidade. A flexibilidade é importante porque haverá momentos em nossas vidas que deveremos ser flexíveis, para ajustar nossas ações necessárias ao projeto, pois é impossível para qualquer ser humano planejar tudo nos mínimos detalhes, considerando os prós, os contras e não precisar fazer alguns ajustes.

No caso de Neemias, basicamente ele primeiro, conseguiu autorização para ir à cidade, depois cartas para os governadores que lhe permitissem passar, entrar nessa cidade e material necessário para a construção. Naturalmente ele também deve ter pensado o que fazer, assim que chegasse ao seu destino, pois vemos que ele antes de falar com alguém seu intento, ele ficou três dias, acreditamos que para descansar da longa jornada, inspecionando a noite, os danos antes de dar o passo seguinte e incentivar o povo na reedificação dos muros.

Essa atitude de Neemias nos ensina que devemos ter um período para recarregar nossas baterias, descansando o tempo suficiente para mantermos nossa saúde, buscar informações, avaliar antes de agir para ajustar nossos planos segundo a realidade daquele momento – lembram-se da flexibilidade? – viabilizar a mão de obra, porque sozinho estaria fadado ao fracasso.

Neemias em seu modelo de liderança, mostra claramente como ele colocou a obra diante de si, compartilhando propósitos comuns com as pessoas certas, envolvendo-as, delegando tarefas. Certamente, Neemias contava também com algumas oposições, pois ele tinha consciência de que inimigos sempre existiram e esses irão distorcer de alguma forma as nossas motivações, para tirarem proveito e essa oposição encontrada por Neemias, tinha nome que segundo a Bíblia se chamavam Sambalate, Tobias e Gesém.

Com relação a estes três personagens que se opuseram a Neemias, a Bíblia de Estudo Arqueológica utilizando fontes extrabíblicas, referindo-se aqui aos papiros de Elefantina no Egito, datado de 407 a.C., ou seja, 38 anos depois; menciona Sambalate como governador da Samaria, província ao norte de Judá.

Tobias pertencia a uma família muito conhecida no século III a.C. que eram "poderosos aristocratas judeus que viviam na Transjordânia":

> Cartas em papiro de um oficial egípcio chamado Zenon, datadas de cerca de 260 a.C., mencionam um rico proprietário de terra negociante e coletor de impostos chamado Tobiah (grafia alternativa para Tobias), da província dos amonitas. As ruínas da propriedade palaciana da família de Tobias, datadas do século II a.C. e mencionadas por Josefo, foram escavadas 18 quilômetros a oeste da moderna Amã, na Jordânia. O nome da família aparece em duas entradas da propriedade escavadas em

rochas. Tobias, o contemporâneo de Neemias, parece ter sido governador da província de Amom, a leste de Judá, na Transjordânia (Bíblia de Estudo Arqueológica NVI, pág. 691).

Em relação à Gesém informa que "uma inscrição datada da época de Neemias, encontrada a noroeste da Arábia", diz:

> Gesém, filho de Sahr e Abd, governador de Dedã. Uma bacia de prata usada para ofertas, encontrada a leste da região do delta egípcio e datada do final do século V a.C., traz o mesmo nome: "Kainu, filho de Gesém, rei de Quedar, ofereceu a Hanilat". Uma vez que Dedã e Quedar eram nações tribais que ocupavam o deserto oriental, incluindo a Síria, o norte da Arábia, o Sinai e o norte do Egito, Gesém provavelmente foi um governador poderoso que controlava uma área imensa (Idem, pág. 691).

Kidner nos informa que Gesém "foi uma figura ainda mais poderosa do que seus companheiros, embora provavelmente menos seriamente dedicado à causa deles" (pág. 90). Informando ainda que "outras fontes de informação revelam que Gesém e seu filho reinavam sobre uma liga de tribos árabes que tomaram o controle de Moabe e Edom (os vizinhos de Judá ao leste e ao sul) juntamente com partes da Arábia e das áreas em direção ao Egito, sob o império persa" (pág. 91).

Pelos relatos bíblicos, vemos que Neemias enfrentou oposição em reconstruir os muros de Jerusalém, vinda das nações vizinhas de dentro da própria comunidade judaica e dos povos que viviam ao redor. No entanto, Neemias enfrentou com sabedoria os ataques desses três personagens, que a meu ver tinha como objetivo principal tirar Neemias do foco; tendo em vista que a primeira tentativa consistia, segundo as traduções consultadas (NVI, ARA, RC, Fiel, TEB, TB, NTLH) constarem que era intento de fazer o mal a Neemias (6.2); a segunda tentativa foi de caluniar (6.5 e seguintes); e a terceira era desejo deles assassinarem Neemias (6.10).

Com as oposições sofridas por Neemias, além dessas citadas, podemos aprender algumas lições que podem e devem ser levadas em consideração na liderança que exercemos: a primeira lição é que os nossos inimigos costumam ser usados por Deus para nos corrigir e aperfeiçoar; a segunda é que o verdadeiro líder não se deixa desencorajar por qualquer dificuldade, mesmo que esses ataques sejam contra sua pessoa; terceiro; a devoção de Neemias à obra de reconstrução dos muros é um exemplo para todos os cristãos, pois vemos que ele, como um bom líder, se preocupa com a causa em que está envolvido.

Essas são as lições principais que visualizo, no entanto, podemos ainda tirar diversos outros exemplos de sua história, pois Neemias não se preocupou apenas com a reconstrução dos muros. Neemias demonstrou ser um líder persistente, estratégico ao determinar a necessidade do povo, recrutando pessoas, formando equipe, organizando e dirigindo os trabalhos, delegando responsabilidades, transmitindo aos seus liderados de forma clara a sua visão, motivando-os constantemente, sendo um exemplo aos seus liderados, demonstrando compromisso com sua missão e compromisso com Deus, defendendo o povo, armando-os, ensinando, negociando a favor do povo, fazendo concessões para que eles tivessem oportunidade de recomeçar uma vida melhor e mais abençoada.

Além de todas essas lições, vemos que Neemias devotou-se às reformas religiosas de Judá, renovando o compromisso da comunidade pós-exílica para com o Senhor seu Deus em diversas áreas, nomeando oficiais para liderar o povo, ensinando-os na Lei de Moisés, reconstituindo assim a moral, a ordem e a lei em uma cidade que estava arrasada, destruída e não deixando que o sucesso lhe subisse a cabeça.

Conclusão

Neemias a meu ver foi mais do que um construtor estrutural de muros e portas de uma cidade destruída e arruinada. Em todas essas reformas que Neemias esteve à frente, ele mostrou ser um grande líder que serve de exemplo para todas as pessoas de toda a geração daquela época, para nossa geração e também para as gerações futuras, pois reconheceu ainda que além da reconstrução física dos muros e portas, todos que vivam lá, assim como nós, precisamos reconstruir nossos muros, portas pessoais e espirituais. Afirmo isto, porque sei que todos, sem exceção, temos que construir muros e portas que se encontram destruídas, arruinadas ou mesmo abandonadas em nossas vidas.

Com o exemplo de lição que apresentamos de Neemias, é nosso desejo que possamos dedicar um tempo para chorar, orar a Deus, jejuar como Neemias fez ao receber notícias de seu povo, para podermos refletir e descobrir qual área de nossa vida (pessoal, laboral, familiar, conjugal, financeira ou religiosa) necessita ser reconstruída. Sei que às vezes o empreendimento pode parecer gigantesco, mas assim como Neemias não se importou com esse detalhe, planejou estrategicamente os passos a serem dados, convido a voces a seguirem seu exemplo; enfrentando o desafio sem se esmorecer.

Não importa o tamanho do empreendimento a ser feito, o que importa é que voce não fique extático, parado, sem ação, apático, desanimado, conformado com a situação. Fortaleça-se na fé, peça ao Espírito Santo para dar-lhe forças, aja, vá à luta, inspire-se nas lições apresentadas por Neemias e saiba que por maior que seja o reparo que voce deve fazer, aos olhos de Deus, esse muro caído, destruído, arruinado, sem condições de ser levantado, pode ser apenas uma minúscula fenda ou mesmo uma imperceptível ranhura. Lembrem-se do que está escrito em 1 Co 10.31: *"Portanto, quer comais quer bebais, ou façais outra qualquer coisa, fazei tudo para glória de Deus"*.

A verdade é que quando deixamos de ver o tamanho da obra a ser realizada em nossas vidas, decidindo reconstruir esses muros e portas pessoais que necessitam de reparo, pedindo orientação divina, elas fortalecerão ainda mais a nossa fé, fazendo-nos crer mais na Palavra de Deus, sendo aquele esconderijo do Altíssimo, onde todos os cristãos querem descansar sob a sombra do Onipotente e onde poderemos nos proteger das investidas de nosso inimigo maior.

"Aquele que habita no esconderijo do Altíssimo, à sombra do Onipotente descansará. Direi do Senhor: Ele é o meu Deus, o meu refúgio, a minha fortaleza, e nele confiarei. Porque Ele te livrará do laço do passarinheiro, e da peste perniciosa. Ele te cobrirá com as suas penas, e debaixo das suas asas te confiarás; a sua verdade será o teu escudo e broquel" (Sl 91.1-4).

Como palavra final, é meu desejo que após a leitura deste livro, ele o tenha incentivado a continuar fazendo voce crescer como líder, também que voce possa se espelhar em outras lideranças, que possa procurar sempre pessoas para lhe aconselhar, segundo os padrões de Deus, para que todos possam se tornar aquele tipo de líder que gostaríamos de seguir.

Continue a crescer, aprenda cada vez mais e mais sobre o assunto. Não creio que somente a leitura de obras sobre liderança, sejá o suficiente, pois o máximo que esses livros poderão fazer, é te dar um auxílio em liderança. As atitudes que voce decidir tomar, é que realmente fará a diferença. O potencial e a capacidade de voce se tornar um líder, dependerá de qual atitude, voce tomará daqui para frente e saiba que querer apenas vencer, tornar-se um líder não é o bastante, pois um líder está sempre em um processo de aprendizagem e isso demanda paciência, força de vontade, foco no objetivo e as bênçãos de Deus.

Deus os abençoe em nome de Jesus Cristo, pois voce já é um vencedor em Cristo Jesus.

Para reflexão

As transcrições abaixo, foram retiradas do livro "O monge e o executivo – Uma história sobre a essência da liderança"

> Poder é a faculdade de forçar ou coagir alguém a fazer sua vontade, por causa de sua posição ou força, mesmo que a pessoa preferisse não o fazer - pág. 26

> Autoridade diz respeito a quem voce é como pessoa, a seu caráter e a influência que estabelece sobre as pessoas - pág. 27

> Poder pode ser vendido e comprado, dado e tomado - pág. 27

> O poder corrói os relacionamentos. Voce é capaz de obter algum proveito do poder e até realizar coisas, mas com o passar do tempo ele se torna muito danoso para os relacionamentos - pág. 28

> Há vezes em que se deve exercer o poder – pag. 29

➢ As pessoas têm necessidade de receber estímulo para se tornarem o melhor que puderem ser. Talvez isto não seja o que querem, mas o líder deve estar sempre mais preocupado com as necessidades do que com as vontades – pág. 52

➢ Em nossas reuniões de executivos, se 10 concordarem com tudo, 9 provavelmente são desnecessários – pag. 59

➢ Intenções – ações é igual a nada. Todas as boas intenções do mundo não significam coisa alguma se não forem acompanhadas por nossas ações – pág. 69

➢ A liderança começa com a vontade, que é nossa única capacidade como seres humanos para sintonizar nossas intenções com nossas ações e escolher nosso comportamento. É preciso ter vontade para escolhermos amar, isto é, sentir as reais necessidades e não os desejos, daqueles que lideramos. Para atender a essas necessidades, precisamos nos dispor a servir e até mesmo a nos sacrificar. Quando servimos e nos sacrificamos pelos outros, exercemos autoridade ou influência, a "lei da colheita" de que Teresa falou. E quando exercemos autoridade com as pessoas, ganhamos o direito de sermos chamados de líderes – pág. 70

➤ O líder tem o dever de fazer com que as pessoas se responsabilizem por suas tarefas, apontando suas deficiências. No entanto, há várias maneiras de fazer isso, sem ferir a dignidade dos outros – pág. 80

➤ O verdadeiro compromisso envolve o crescimento do indivíduo e do grupo, juntamente com o aperfeiçoamento constante. O líder comprometido dedica-se ao crescimento e aperfeiçoamento de seus liderados. Ao pedirmos às pessoas que lideramos que se tornem o melhor que puderem, que se esforcem no sentido de se aperfeiçoarem sempre, devemos também demonstrar que nós, como líderes, estaremos também empenhados em crescer e nos tornarmos o melhor que pudermos. Isso requer compromisso, paixão, investimento nos liderados e clareza por parte do líder a respeito do que pretende conseguir do grupo – pág. 93

➢ Não podemos mudar ninguém. Lembre-se do sábio ditado dos Alcoólicos Anônimos: "a única pessoa que voce pode mudar é voce mesmo" – pág. 109

➢ O líder que opta pela autoridade e influência precisa fazer muitas escolhas e sacrifícios. É necessária muita disciplina – pág. 128

➢ Quando optamos por doar-nos servindo e nos sacrificando pelo outros, nós construímos influência. Um líder que sabe exercer influência é um líder cujas habilidades estão se desenvolvendo – pág. 129

➢ Vince Lombard disse: "Nós não temos que gostar de nossos colegas e sócios, mas, como líderes, somos instados a amá-los e tratá-los como gostaríamos de ser tratados" – pág. 132

➢ Uma jornada de 200 km começa com um simples passo – Provérbio chinês – pág. 137

Fontes consultadas

ANDRADE, Claudionor Correa de – Dicionário Teológico –
Nova Edição Revista e Ampliada, Casa Publicadora das
Assembleias de Deus, Rio de Janeiro, 2010

AZEVEDO, Israel Belo de - Gente cansada de igreja, Editora
Hagnos, São Paulo, 2010

A Bíblia da Mulher, Sociedade Bíblica do Brasil, São Paulo,
2008

Bíblia on line

Bíblia de Estudo MacArthur, Sociedade Bíblica do Brasil, São
Paulo, 2011

Bíblia de Estudo Arqueológica NVI, Editora Vida, São Paulo,
2013

Bíblia de Estudo Aplicação Pessoal, Casas Publicadoras das Assembleias de Deus, 2009

Bíblia do Peregrino – SCHÖKEL, Luís Alonso, Editora Paulus, São Paulo, 2002

Bíblia da Família, Sociedade Bíblica do Brasil, São Paulo, 2008

Bíblia de Estudo DAKE – Casa Publicadora das Assembleias de Deus e Editora Atos, 2009

Bíblia de Estudo de Genebra, Editora Cultura Cristã e Sociedade Bíblica do Brasil, 2009

BRUCE, F. F. – Comentário Bíblico NVI, Editora Vida, São Paulo, 2012

BRUNELLI, Walter, Teologia para pentecostais – Uma teologia sistemática expandida, volume 3, Editora Central Gospel, Rio de Janeiro, 2016

BUCKLAND, A. R. & WILLIAMS, Lukyn – Dicionário Bíblico Universal, Editora Vida Acadêmica, São Paulo, 2007, pág. 48

CHAMPLIN, R. N. – O Antigo Testamento interpretado versículo por versículo, Editora Hagnos, volume 3, São Paulo, 2001

Dicionário Eletrônico Aurélio

DANTAS, Anísio Batista – Como preparar sermões – Dominando a arte de expor a Palavra de Deus, Casas Publicadoras das Assembleias de Deus, 4ª Edição, Rio de Janeiro, 1997

DOUGLAS, J. D. – O Novo Dicionário da Bíblia, Editora Vida Nova, São Paulo, 2006

ERICKSON, Millard J. – Dicionário Popular de Teologia, Editora Mundo Cristão, São Paulo, 2011

GARDNER, Paul – Quem é quem na Bíblia Sagrada, Editora Vida, São Paulo, 2007

GONDIM, Ricardo – Fim de Milênio: Os perigos e desafios da pós-modernidade na igreja, ABBA Press, São Paulo, 1996

Grande Enciclopédia Larousse Cultural, volume 15, Editora Nova Cultural, 1998

HUNTER, James C. – O monge e o executivo – Uma história sobre a essência da liderança, Editora Sextante, Rio de Janeiro, 2004

JOSEFO, Flavio – A história dos hebreus – De Abraão à queda de Jerusalém, Casa Publicadora das Assembleias de Deus, Rio de Janeiro, 2010

KASCHEL, Werner, ZIMMER, Rudi – Dicionário da Bíblia de Almeida, Sociedade Bíblica do Brasil, São Paulo, 2009

KELLY, J. N. D. – I e II Timóteo – Introdução e Comentário, Editora Vida Nova, São Paulo, 2008

KESSLER, Nemuel & CÂMARA, Samuel – Administração Eclesiástica, Casa Publicadora das Assembleias de Deus, Rio de Janeiro, 2013

KIDNER, Derek – Série Cultura Bíblica – Esdras e Neemias, Introdução e comentário, Editora Vida Nova, São Paulo, 2008

LOPES, Edson – Fundamentos da Teologia da Educação Cristã, Editora Mundo Cristão, São Paulo, 2010

LOPES, Hernandes Dias – Comentários Expositivos Hagnos – 1 Coríntios – Como resolver conflitos na igreja, Editora Hagnos, São Paulo, 2008

LOPES, Hernandes Dias – Comentários Expositivos Hagnos – Efésios – Igreja, a noiva gloriosa de Cristo, Editora Hagnos, São Paulo, 2009

LOPES, Hernandes Dias – Comentários Expositivos Hagnos – Neemias – O líder que restaurou uma nação, Editora Hagnos, São Paulo, 2006

MACARTHUR, John – Nossa suficiência em Cristo – Três influências letais que minam a sua vida espiritual, Fiel Editora, São Paulo, 2013

MALAFAIA, Silas –, As marcas dos chamados por Deus, Editora Central Gospel, Rio de Janeiro 2012

MALAFAIA, Silas – A receita de Neemias para uma vida vitoriosa, Editora Central Gospel, Rio de Janeiro, 2012

MALAFAIA, Silas – Prepare-se para a volta de Jesus – Editora Central Gospel, Rio de Janeiro, 2017, pág. 5

MOREIRA, Dinamárcia Faria Barbosa – Igreja em células, Editora Profetizando vida, Belo Horizonte, 2000

NEE, Watchman – Autoridade espiritual, Editora Vida, São Paulo, 2005

Novo Testamento interlinear Grego-Português, Sociedade Bíblica do Brasil, São Paulo, 2009

OLIVEIRA, Oséias Gomes, Concordância Bíblica Exaustiva Joshua, Editora Central Gospel, Rio de Janeiro, 2012

PFEIFFER, Charles J. & VOS, Howard J. & REA, John – Dicionário Bíblico Wycliffe, Casa Publicadora das Assembleias de Deus, Rio de Janeiro, 2009

PINHEIRO, Isaque Nunes – Doutrinas Bíblicas – Perguntas e respostas sobre Teologia Sistemática – para pastores e candidatos ao Ministério Pastoral, Editora Maanaim Informática Ltda, Rio de Janeiro, 1997

RADMCHAER, Earl D., ALLEN, Ronald B., HOUSE, H. Wayne – O Novo Comentário Bíblico Novo Testamento com recursos adicionais, Editora Central Gospel, Rio de Janeiro, 2010

ROSA, Merval – Problemas da família moderna – Uma perspectiva cristã, Junta de Educação Religiosa e Publicações da Convenção Batista Brasileira, Rio de Janeiro, 1979

RUSCONI, Carlo – Dicionário do Grego do Novo Testamento, Editora Paulus, São Paulo, 2011

TOGNINI, Enéas – O período interbíblico – 400 anos de silêncio profético, Editora Hagnos, São Paulo, 2009

WARREN, Rick – Uma igreja com propósitos, Editora Vida, São Paulo, 2008

WIERSBE, Warren W. – Novo Testamento 2 – Comentário Bíblico Expositivo, Geo Gráfica e Editora Ltda, São Paulo, 2006

www.ingramcontent.com/pod-product-compliance
Lightning Source LLC
Chambersburg PA
CBHW020148090426
42734CB00008B/740